Pon tu negocio en forma

Pon tu negocio en forma

Todo lo que necesitas saber y hacer
para que tu empresa se dispare

NÉSTOR SALVADOR BOICHENCO

EDICIONES DEUSTO

Deusto es un sello editorial de Centro de Libros PAPF, SLU.
Av. Diagonal, 662-664
08034 Barcelona
www.planetadelibros.com

Diseño de la colección: Sylvia Sans Bassat

Primera edición: enero de 2025
Depósito legal: B. 21.971-2024
ISBN: 978-84-234-3829-7
Composición: Realización Planeta
Impresión y encuadernación: Huertas Industrias Gráficas, S. A.
Printed in Spain - Impreso en España

PEFC Certificado
Este libro procede de bosques gestionados de forma sostenible
PEFC
PEFC/14-38-00305 www.pefc.es

Sumario

Prólogo

Mil días para conocer a Néstor

«Yo apago el televisor tirando del cable.» Ésta es una de las muchas frases célebres de Néstor Salvador Boichenco.

Néstor tiene 65 años y una historia fascinante, como empresario y también como viajero por todo el mundo.

Lo conocí hace unos mil días. Bueno, quizá alguno más. Fue en una comida en Llanes, Asturias, organizada por unos queridos amigos comunes, Ricardo y Michal.

Eso de que «Yo apago el televisor tirando del cable» lo dice para referirse a su torpeza tecnológica, para bromear sobre cierto desfase. Sin embargo, los que tenemos la inmensa suerte de haber compartido ratos en su compañía vemos las cosas de otra forma.

Hoy día, personas como Néstor son más necesarias que nunca. Y lo son por muchas razones. Una de ellas es por su sentido común. Es de esas extrañísimas personas a las que escuchas hablar y piensas: «Joder, va a creer que soy un capullo que le da la razón por quedar bien, pero es que lleva razón en todo, es puro sentido común». Es de esas personas que, al escucharlas, acabas por ponerte de acuerdo con lo más sensato de ti mismo.

Y, fíjate, es un tipo tan extravagante, para lo que se supone que esperamos de alguien productivo hoy día, que no necesita ni un móvil ni un ordenador para hacer un plan de acción empresarial que ya quisieran muchos otros obsesionados con todo tipo de herramientas para gestionar el tiempo, equipos, ventas, etcétera.

Néstor sólo necesita su experiencia, su inteligencia y su habilidad natural para las relaciones personales, su carisma y su capacidad de escuchar y de dar.

Porque otra cosa que dice mucho Néstor es que en el mundo hay dos tipos de personas: los que llegan a un sitio y quieren dar, y los que llegan a un sitio y esperan a ver qué pueden sacar de los demás.

Él es un dador nato, siempre está pendiente de ver cómo te puede ayudar, qué te puede aportar. Y lo hace hasta sin querer, sólo con estar.

Pero, bueno, que no me quiero ir por las ramas. Te decía que Néstor es todo sentido común y extravagancia. En una época donde (supuestamente) todo está regido por la inteligencia artificial y la organización online, él no sólo muestra más habilidades que la mayoría y una capacidad de análisis y visión en los negocios fuera de toda duda, sino que demuestra una energía y unas ganas de aprender, rodeándose de gente joven, que son dignas de toda admiración.

Y si no, respóndeme a esta pregunta: ¿por qué un tipo de 65 años, con la vida resuelta, se anda metiendo en jardines en un montón de empresas con gente mucho más joven? Porque es un dador nato, quiere dar, aportar, aprender, canalizar su gran energía.

Cuando la mayoría de la gente a esa edad estaría pendiente únicamente de tomarse un vino y quedar con cuatro amigos para jugar al dominó, él está aprendiendo cómo hacer webinars, escribiendo un libro sobre el mundo de la empresa, organizando eventos, escribiendo e-mails, etcétera.

¿Y qué me dices de ponerse a trabajar su marca personal con esa edad? Es un caso entre un millón.

Esa ilusión, ese entusiasmo, son contagiosos. Es un ejemplo a seguir, es una persona que agradezco que se haya cruzado en mi camino.

Aprendo mucho de él, más de lo que posiblemente sospeche. Aprendo mucho de cómo se relaciona, de cómo se desenvuelve con los demás, incluso de la forma en que simplemente atiende al teléfono, siempre rápido y conciso, pero amable. Es un tipo en el que debes fijarte a cada instante.

Por supuesto, da ejemplo. El mundo está lleno de teóricos, de consultores que la última vez que bajaron a la tierra fue hace treinta años. Néstor está ahí, en la lucha, cada día. No te da los consejos desde un púlpito sin hacer nada, y se lo podría permitir. Predica con el ejemplo, con su agenda Moleskine, un boli y un reloj automático. Ése es su equipaje. ¿Y sabes que es lo mejor de todo esto?, que no necesita más para llegar a todo.

Pero no puedo acabar sin mencionar lo que considero más importante, la razón por la que deberías leer este libro con mucha atención, más allá del conocimiento que te aportará, que será mucho, y de las risas que te echarás, que también las tienes aseguradas. Algo que quiero destacar de Néstor es su ética del trabajo. Nunca escatima en esfuerzos para hacer bien las cosas, es un tipo que cuida cada detalle, que no deja nada al azar. Cualquier cosa que hagas te puede gustar o no gustar, te puede servir más o te puede servir menos, pero si realmente tratas de poner lo mejor de ti al hacerla, al final eso es lo que prevalece. Y Néstor, con su aspecto de «este cabrón es muy listo, con esa labia envolvente argentina, seguro que me la juega», demuestra a cada paso que es un hombre al que le puedes dejar las llaves de tu casa e irte tranquilo.

Las de tu coche lo mismo no, sobre todo si es de los buenos. Pero de su afición a los coches ya hablaremos otro día.

Hoy sólo quiero añadir que aprendo cada minuto que paso con este tipo. Aprendo de empresas, de negocios, de estrategias, de cómo tratar a la gente, aprendo de la vida. Y que este libro que tienes entre manos es un fiel reflejo de la gran sabiduría que los que tenemos la suerte de conocerlo disfrutamos. Ahora disfrútala tú. No te arrepentirás, hazme caso.

ISRA BRAVO

Introducción

Para emprender necesitarás un emprendedor

El 10 de noviembre de 1980 ya tenía 21 años cumplidos, una mierda de coche oxidado y una sociedad limitada recién constituida. Éramos cuatro buenos amigos y, en adelante, socios a partes iguales por descubrir.

La década comenzaba con la guerra Irán-Irak y con Ronald Reagan, un actor estadounidense que ganó popularidad como presentador de televisión, y como presidente número 40 de la democracia más poderosa de Occidente. Curiosamente, el empresario y figurante Donald Trump repitió la misma jugada hasta obtener la presidencia de Estados Unidos en 2016... Dicen que todo es historia y, a su vez, una advertencia del porvenir.

Mi trayectoria como emprendedor viene de mucho antes de cumplir 21 años y sus señales no estaban tan ocultas para mi padre, el ingeniero de la familia. Gracias a la llegada del argentino Carlos Reutemann a la Fórmula 1, comencé a los 13 años organizando carreras de bicicletas por las calles del barrio nuevo de Banfield, una ciudad ubicada en la zona sur del Gran Buenos Aires. Se trataba de una competición de cuatro horas que se celebraba durante algunos domingos, con línea de meta y boxes estratégicamente situados en las puertas de la tienda de don Herminio, que así vendía agua mineral Villavicencio y Fanta naranja como un campeón, a cambio de un pequeño porcentaje para los organizadores.

Pero los chicos crecen y, a mis 16 años, si estudiabas en una escuela técnica donde abundaba la testosterona, necesitabas algo más que ojos azules para que las chicas se fijaran en ti. Por aquellos tiempos, el fútbol era sólo un deporte de pringados, así que no había nada mejor que una banda de rock con chavales divertidos y provocadores para impresionar a las chicas. Nos llamábamos Exaudi («óyenos» o «escúchanos») porque los nombres en latín estaban de moda en la música joven argentina. Yo no sabía cantar, de hecho, no sabía ni tocar un silbato, pero se me daba muy bien conseguir actuaciones en las discos de la zona. A cambio, obtenía popularidad y un par de minutos en el escenario para atraer a las más guapas con un *riff* de guitarra mal ejecutado. Los que ligan son siempre los músicos, no sus representantes... Ahí empecé a desarrollar mis habilidades comerciales, que se cortaron abruptamente cuando mi padre descubrió que don Herminio, el de la tienda del barrio, seguía mis progresos y ahora nos financiaba la compra de instrumentos y micrófonos en Daiam, la mejor juguetería para músicos de la ciudad de Buenos Aires.

Cinco años después, con el núcleo fuerte de la banda de rock y tres años de experiencia en el sector, constituimos una pyme para fabricar cuadros eléctricos de baja tensión. Se trataba de una sociedad limitada con un capital social miserable, repartido según la falsa simetría del 25 por ciento para cada uno. Estoy hablando de una época en la que en el Gran Buenos Aires todavía se jugaba en la calle, los militares gobernaban a los golpes y los de clase media como yo estudiaban y trabajaban desde los 18 años. Porque, además de pájaros en la cabeza, teníamos un objetivo común que nos perseguía a todos: conducir un coche propio. Eso era sinónimo de libertad e independencia. Ninguno de nosotros, veteranos del presente, hubiese imaginado que para los jóvenes actuales con un smartphone se consigue lo mismo.

Tenía 21 años y ya era un impaciente emprendedor en prácticas. Entre otras cuestiones, estaba descubriendo cómo utilizar el poder sin confundirme y que, como decían los adultos con voz de barítono, el ejemplo es el mejor instrumento pedagógico a tu alcance.

También comenzaba a presentir que aprender es un deporte de contacto

Comprar cuadros eléctricos fabricados por un grupo de chavales era inaceptable e ilógico para muchos potenciales clientes y eso significaba un gran desafío para mí, porque era el único responsable de venderlos. Intentarlo y, a veces, lograrlo fue estupendo, aunque poco a poco comprendí que la condición existencial pasaba por otro lado.

Si quieres emprender, tienes que saber que firmarás un contrato de trabajo contigo mismo

Eso implica asumir un gran compromiso. Tú serás el protagonista y ya nunca más podrás pensar como una víctima.

Hoy pululan los mensajes alentando al emprendimiento y los hay para todos los gustos. Los que te aseguran que puedes hacerlo desde el salón de tu casa, mientras tomas el desayuno o en una oficina a bajo coste son políticamente engañosos y poco realistas.

Sospecho que si los políticos siguen agitando las alas por esa línea, no tardaremos en ver algún alcalde o consejero de industria preocupado por el absentismo corporativo, mientras organizan un servicio de autobús para recoger a emprendedores a domicilio. Aunque sería injusto decir que solamente ellos tienen la culpa. El fenómeno de las redes sociales les ha dado un impulso magnífico a las marcas personales, hasta el punto de que el batallón de consultores expertos que se ha organizado a su alrededor promueve una visión rosa chicle del emprendimiento. Ignoran totalmente que, además del mundo conceptual, existe un mundo material que fabrica muchas cosas cada día. Y lloremos juntos si hace falta, pero el capital comprometido, el esfuerzo y las reglas de convivencia, en general, no son los mismos. No quiero que me entiendas mal, ni que creas que ya estoy para ir a vivir en una playa de Costa Rica: siempre he defendido el mundo conceptual y no he tenido problemas para enfrentarme con los que afirman que pueden lograr que sus clientes beban Heineken o Coca-Cola simplemente fabricando vasos grandes y bonitos. Soy un defensor del emprendimiento, y admiro y respeto a cualquier emprendedor, pero la intensidad del negocio no está solamente en el capital aportado.

Para emprender hace falta mucho esfuerzo, algo que no es de derechas ni de izquierdas.

La conciliación familiar no está garantizada, y el nivel de exigencia lo determinas tú, no un amigo invisible. Tampoco se trata de un pasatiempo, para eso te compras una trompeta o te pones a jugar con la PlayStation. Quiero decirte esto con claridad y sin ninguna intención de restarte entusiasmo. Todo lo contrario, si has comprado este libro y quieres pelea, tú y yo vamos ganando.

Emprender nunca fue para cualquiera y tampoco lo será en el futuro.

Es una clase de pasión, y tienes que sentirla, asumirla y sostenerla. No importa la edad ni la orientación política o sexual. Si no la sientes de verdad, es posible que te quedes enganchado en una situación individual, económica y emocional un tanto confusa. Pero si te mueve esa pasión, una de sus agradables consecuencias es ganar dinero y convertirte en un buen empresario con capacidad para inspirar a otras personas.

Para lograrlo, es importante informarse, formarse y dejar de lado la vagabunda visión de que la esperanza es una buena estrategia. A la hora de emprender, la ignorancia siempre cuesta dinero. Porque mientras tú lo pierdes por falta de conocimiento, los listos aprovechan para ingresarlo sigilosamente en su cuenta corriente.

Debes evitar que la realidad te arrolle o te mantenga esclavizado

Los años pasan y nadie quiere hacer la cuenta del pastón que se ha gastado por no haberse formado de verdad. Éste es un libro práctico que surge de la experiencia, una materia prima muy costosa que carece de valor ético para la sociedad.

Hasta que aparece el león y te muestra sus grandes garras afiladas. Entonces te asustas y la echas de menos.

Es hora de empezar, pero vayamos partido a partido, como dice el Cholo...

Aviso para aficionados y obsesionados con las nuevas tecnologías

No vais a encontrar ni una sola frase escrita o redactada por aplicaciones de inteligencia artificial ni otras formas digitales de vida. Utilizo siempre el procesador de textos Word, que está instalado en un ordenador portátil inventado hace ya mucho tiempo. He contado también con la ayuda inestimable de Inma y de mi hija Cecilia. Ellas y el francés Charles Yufera han colaborado para que mis ideas se entiendan y no escriba tonterías. Ricardo Di Francesca y Michal Warzolek fueron mis primeros lectores y nunca dejaron de insistirme: había llegado el momento de postergar la entrega de mi tercer manual y preparar este libro. Estoy muy agradecido a todos y también a Isra Bravo, que siempre te empuja en la buena dirección.

¿Tú quieres emprender?

No soy un consultor de esos que son superiores a sus clientes por un par de libros de ventaja. Tienes por delante trece capítulos basados en hechos reales, en experiencias.

El primero se lo dedico al error equivocado y a los riesgos que existen en ambos lados del mostrador, sin olvidar la tecnología. El segundo es para descubrir las características prácticas que potencian el trabajo de un futuro buen emprendedor. En cuanto al tercero, te voy a preguntar para cuántos fracasos te alcanzará el dinero y si por las mañanas te viste un mayordomo. En el cuarto voy a contarte las tres razones que existen para emprender con un socio operativo y sus precauciones. El quinto es para hablar de negocios. El sexto, que es consecuencia del quinto, está reservado para los vendedores. En el séptimo vamos a jugar a comunicar de verdad, poniendo siempre lo positivo por delante. El octavo es para que aprendas que la decisión de vender es tuya, la de cobrar no. Si has llegado al noveno, debes entender la importancia que tiene la cultura a la hora de poner en marcha un emprendimiento. El décimo es muy estratégico y viene con buenos ejemplos, pero seguramente tendrás que leerlo un par de veces. El decimoprimero lo he reservado para hablar de los métodos que vas a necesitar para crecer y no morir en el intento. El decimosegundo es para entender por dónde se rompen las cadenas. Y, por último, está el decimotercero, mi número de la suerte. Es muy especial y lo he incluido para advertirte de lo siguiente: si eres entrenable, verás que habrá recuerdos que, con el tiempo, serán mucho más que simples recuerdos.

Decídete.

Como dice Joaquín Sabina, no hay nostalgia peor que añorar lo que nunca jamás sucedió.

1

Nada de riesgos: hemos cometido el error equivocado

Conozco a mucha gente que no quiere asumir ningún riesgo, incluso para aparcar un coche de segunda mano viejo y mal pintado. Esa clase de conservadores suele ver a los emprendedores como si fueran pobres criaturas: ignoran el poco oxígeno que les queda por respirar y las maldiciones conyugales por venir. Crean historias de vidas arruinadas y grupos de opinión para analizar la amenaza social que suponen sus ambiciones. Y si se topan con un inocente emprendedor, intentan quitarle poco a poco las ganas de hacer y decidir. Temen el riesgo más que a los *kaijus*, esos bichos nipones que van a surgir de un portal interdimensional ubicado en el fondo del océano Pacífico.

Pero el riesgo y la incertidumbre no desaparecen por el mero hecho de ignorarlos. Además, la seguridad no es un destilado del capitalismo actual. Lloremos juntos si te hace falta, pero el paradigma moderno es la ausencia de seguridades.

Una carrera universitaria no te garantiza que siempre le darás de comer a tus hijos. Tú no le prometes fidelidad eterna a una empresa y tampoco le hace falta: cuando ellos te vean con un par de canas de más, empezarán a sacar sus cuentas. Los mercados y sus productos ya no tienen ningún arancel que los proteja, y la sociedad de consumo actual lo mastica todo con la ansiedad de un depredador nocturno del Serengueti. Hoy se vende y mañana, si estoy gordo, melancólico o enfadado, no se compra ni se entrega. Y si algo falla, la garantía es un túnel sin salida.

Ahora somos líquidos, flexibles e individualistas

En el siglo XXI, emprender no tiene edad, tiene contextos y situaciones personales. Y eso implica un determinado nivel de riesgo, que para muchos supone un formidable dilema. Lo entiendo perfectamente: puede hacer bastante frío fuera de una nómina. Si te falta algo de pasión o de coraje para lanzarte con la motivación adecuada a poner un negocio, el vértigo te empujará a continuar con un trabajo seguro o segurísimo, de esos que ya no se encuentran con tanta facilidad.

Dicen que la duda no siempre te favorece, y que se trata de identificar el mal menor sobre el mal mayor, una habilidad que necesita cierta visión panorámica.

Esto lo ejemplifica muy bien el libanés Nassim Taleb en su libro *Antifrágil*, un imperdible para gente inteligente. Cuenta que a sus amigos estadounidenses les suceden las mismas cosas que a los míos, Iñaki y Guillermo, ambos veteranos y creyentes en la Virgen de Begoña y en el Athletic de Bilbao. El bueno de Guillermo llevaba casi treinta años trabajando en la misma empresa, una pyme vasca bien organizada que fabrica autopartes para las marcas *premium* de Alemania. Comenzó haciendo de informático valiente y, después de unos años, gracias a su buen hacer, le tocó implementar las normativas de calidad en las dos plantas de producción de Bizkaia. Todos los meses recibía unos previsibles 4.000 euros y en poco tiempo más terminaría de pagar la hipoteca del piso. Los sábados jugaba al tenis y los domingos iba con su señora esposa a comer a la cervecera de Román, esa que se llama Jatape y está en Maruri. Pero su vida cambió cuando la pyme vasca bien organizada decidió ser más competitiva y trasladar parte de sus esfuerzos a Polonia. Esas cosas que tiene el crecimiento globalizado. Guillermo se quedó sin trabajo a una edad complicada para sufrir ciertos cambios.

Iñaki es el dueño de una cafetería en una calle menor de la

ciudad de Bilbao. Paga regularmente el alquiler, los impuestos y el sueldo de su empleada, una mujer que cocina mejor que mi abuela la gallega. Sus ingresos suben y bajan, y dependen del día de la semana, del humor de los clientes, de la COVID-19, del chirimiri que inutiliza la terraza y, en definitiva, de sus errores y aciertos para llevar adelante su propio negocio.

Guillermo ha tenido ingresos fijos y constantes, y los riesgos de ser un asalariado estaban ahí, ocultos. Para Iñaki, en cambio, los riesgos han estado siempre encima de la mesa. En casi treinta años de trabajo, Guillermo no ha tenido grandes sobresaltos y se ha visto sorprendido por el despido. A los 58 años, su tranquilidad se ha topado con su fragilidad. Y lloremos juntos nuevamente, pero lo frágil es aquello que siempre resulta mucho más dañado por los sucesos extremos.

Los ingresos de Iñaki son parecidos a los de Guillermo y ya le hubiese gustado tener la aparente seguridad laboral de todo buen empleado. No deja de aprender de sus errores: son información valiosa para entender su negocio y el entorno cambiante que le rodea. Se adapta a los caprichos y las nuevas necesidades de sus clientes, y tiene la posibilidad de seguir trabajando hasta que decida lo contrario. A sus 57 años, se ha dado cuenta de que dispone de más opciones de las que pensaba y que es más robusto de lo que se creía.

Ambos comparten equipo de fútbol, amistad y entidad financiera. Deben dinero cuando les hace falta, aunque por razones distintas y según sus posibilidades. A ninguno de los dos les han permitido deber todo el dinero que han querido. Porque nunca podrás deber la cantidad que quieras, alguien se encargará de ponerte un límite.

Pero, además, deber dinero no es delito, el delito es no devolverlo

En cada barrio o ciudad hay un Iñaki o un Guillermo con una historia parecida para contarte. Los riesgos existen en ambos lados del mostrador, tienen sus propios argumentos a favor y en contra, y son inevitables. Algunos son grandes y permanecen ocultos; otros, en cambio, son menores y te permiten corregir el rumbo. Por lo tanto, si vas a tomar la decisión de emprender, este asunto de valorar los riesgos y protegerte sistemáticamente contra ellos no es tan determinante como pretenden hacerte creer.

El riesgo es el riesgo, y quien no se arriesga no cruza el mar

En su lugar, debes preocuparte de otra cosa: si tienes más de un motivo para emprender, te digo yo que es mejor que no lo hagas.

No pretendo desalentarte, pero las decisiones evidentes no necesitan más de una sola razón. Si estás buscando unas cuantas razones para emprender, es porque estás intentando convencerte a ti mismo, y eso, generalmente, no es un buen punto de partida. Es lo mismo que con las excusas: con una es suficiente. Y de las consecuencias de la categorización social con la que te irás encontrando a medida que obtengas resultados, olvídate y ponte en marcha de una vez. El esfuerzo no es de derechas ni de izquierdas, a pesar de las tonterías que dicen ciertos políticos.

La práctica tampoco.

A veces confiamos tanto en la teoría que nos olvidamos del valor de la práctica

Nos hacemos modernos y tecnológicos, y consideramos estúpidamente que la práctica es una habilidad relegada para gente menos inteligente, mal preparada. Incluso las instituciones públicas dudan ahora. No saben si deben apoyar a esos emprendedores que quieren poner un negocio a partir de la experiencia adquirida practicando un oficio.

Pero la práctica es oportuna y abierta. Es sentido común y acción creativa. Es un proceso de mejora y repetición para disminuir los riesgos y obtener un método evidentemente empírico.

Y la experiencia no es otra cosa que las cicatrices de la práctica

Porque a pesar de la imponente tecnología que nos rodea, antes y ahora, es la base potencial de muchas empresas exitosas con historias sencillas y desconocidas, que van desde la fabricación de hamburguesas artesanas o la estampación de tornillos en caliente, hasta el sistema de ensamblaje de un palé de cartón reciclado, creado hace unos pocos meses para reducir las emisiones de CO_2.

El mundo avanza y nos hemos olvidado de que el principio de Arquímedes sigue totalmente vigente, pero cuando los grandes buques llegan a puerto necesitan un práctico para guiar a la bestia flotante hasta su amarre.

Volamos a 11.000 metros de altura en grandes aviones comerciales que, durante la última década, han sustituido el aluminio del fuselaje y las alas por una nueva generación de materiales compuestos de fibra de carbono y vidrio. Nos cuesta recordar que comenzamos a despegar en artefactos hechos de madera, cables de acero y tejidos de algodón pesado. El 17 de diciembre de 1903, uno de los hermanos Wright pilotó su máquina voladora durante unos increíbles cincuenta y nueve segundos, logrando el primer vuelo tripulado, controlado y motorizado de la historia.

Para los grandes expertos y universitarios de la época, la hazaña fue un absoluto misterio. Los hermanos no eran ingenieros, no tenían experiencia aeronáutica ni un capital importante. No había ningún modelo previo de máquina voladora y tampoco ningún precedente, pero ellos fueron los primeros y ganaron esa carrera sin ninguna subvención estatal.

Derrotaron a diseñadores y estudiosos de la ciencia, a especialistas en motores y en materiales livianos, que construían unas máquinas que sus pilotos de prueba no podían mantener en el aire ni un puñado de segundos. El negocio de los hermanos Wilbur y Orville Wright comenzó reparando bicicletas. Las vendían y reparaban en un taller ubicado en la ciudad estadounidense de Dayton, Ohio. Y poco a poco comenzaron a modificarlas y a lograr que resultasen más maniobrables y confortables para sus clientes. Rodando y rodando, decidieron fabricar sus propios cuadros de aluminio y diseñar ellos mismos una excelente bicicleta. Hasta que un día, cuando aún faltaba casi un siglo para recurrir a internet, juntaron toda la información disponible sobre aeronáutica, planeadores, propulsores y aves, y pensaron que ellos podían ganar la carrera más emocionante de su era: construir una máquina voladora que realmente volase...

Eran prácticos y experimentados, y ya sabían fabricar cosas.

Rápidamente se dieron cuenta de que sus competidores pensaban en términos de un barco que flotara en el aire, obligado a mantener el equilibrio y desplazarse sobre una hipotética línea recta, porque balancearse era muy peligroso. Para los hermanos Wright, el gran error residía en esa comparación: tratar de librar a la máquina de los efectos del viento era lo realmente peligroso.

La clave estaba oculta entre dos ruedas. Una bicicleta es intrínsecamente inestable, y es su conductor quien aprende a mantenerla en una posición segura, a inclinarse a un lado o a otro cuando le hace falta. Aplicando ese mismo principio a su máquina voladora, el piloto era el que debía tener la capacidad de ladearse y girar sin problemas, o de subir y bajar cuando lo decidiera. Diseñaron la máquina, la fabricaron e hicieron que volara. Subieron y bajaron, y realizaron ellos mismos los suficientes vuelos de prueba para corregir sus defectos hasta que, dos años después, en 1905, el artefacto volador ya se sostenía en el aire por más de media hora.

Su enfoque no fue abstracto, sino todo lo contrario: tenían experiencia y eran prácticos, oportunos, creativos y empíricos

Hoy sus bicicletas voladoras recorren los cielos de los seis continentes y, cada vez que voy a Argentina a ver a los míos en un imponente Airbus A350, me acuerdo de la hazaña de los hermanos Wright.

¿Tú ya has practicado el tiempo suficiente como para disminuir los riesgos? A veces confiamos demasiado en teorías que van y vienen. No son definitivas y, mientras se desarrollan gradualmente, las defendemos apasionadamente como buenos boludos. Nos olvidamos de la práctica y sus beneficios. La experiencia que vas acumulando, en cambio, se mantiene constante. Pero no siempre te libra de que creas ver una oportunidad y termines comprando un dragón de Komodo para cuidar el jardín. Si te vas a arriesgar porque el bueno de tu cuñado te trae una oportunidad única para la familia, es probable que el divorcio llame a tu cuenta corriente.

La oportunidad equivocada también existe

Y los emprendedores más experimentados también caen en sus garras, entre los cuales me incluyo, porque es algo saludable cometer errores mientras no repitas los mismos. La palabra *oportunidad* significa «delante del puerto» y guarda relación con las diferentes opciones que tenían los antiguos marineros cuando atracaban en un muelle seguro. ¿Qué cosas hacer antes de volver nuevamente a la mar? Por aquel entonces, las travesías marinas eran largas, duras e incómodas. La vida a bordo de aquellas carracas y naos era un castigo, pero al menos se bebía y se comía. Y los puertos de la época concentraban las oportunidades disponibles para esos aburridos navegantes. Si, a pesar de las deserciones, el maestre les permitía desembarcar, seguir los consejos del capitán del barco podía suponer la opción correcta. Es decir, aprovechar en tierra la oportunidad o dejarse engañar por malandros, estafadores, falsos mercaderes, putas, tahúres y ladrones.

La experiencia me enseñó a privilegiar la coherencia frente a la oportunidad

Es una forma práctica y reflexiva de reducir los riesgos y distinguir la calidad de los ofrecimientos, vengan de mi vecina Charo o de un puerto marítimo del más allá. La creencia popular advierte que es mejor aprovechar las oportunidades porque sólo se presentan una vez. Esto es rotundamente falso y se ha llevado a muchos emprendedores por delante.

Mi opción preferida es la coherencia, que, al igual que la estrategia, es un patrón de conducta y una forma de aceptar responsabilidades.

El riesgo empresarial no es una clase permanente de locura. Tampoco la búsqueda de adrenalina ante la imposibilidad de practicar determinados deportes. Es una mezcla de vulnerabilidad y probabilidad, es una parte del oficio que debes aprender a controlar. Ten en cuenta que si no desarrollas alguna capacidad para protegerte de posibles elecciones erróneas, nunca podrás perseverar en la búsqueda de la elección correcta.

El riesgo tecnológico es un invitado permanente.

Puedes aferrarte a tu tiempo e ignorar la amenaza de todo aquello que viene con el poder suficiente para cambiar las cosas. Puedes enojarte mientras ves cómo se consolida la novedad y muta para arrasar ese mundo tuyo que te mantiene tan rentable y productivo. Tienes la opción que ya han elegido muchos otros valientes del pasado: convertirte en un bicho obsoleto y organizar la resistencia. Pero la verdad es que a nadie le importa que no te guste la tecnología, estará siempre en tu camino y no tiene pinta de que vaya a pedir permiso antes de entrar en tu cuenta corriente. Adaptarse a ella ya es un salto hacia delante. Pero analizarla, entenderla y aceptarla son pasos ineludibles para disminuir el riesgo que supone para algunos de nosotros. Te lo aseguro yo, que todavía apago el televisor tirando del cable.

Dicen que si no tiene nombre, no existe. El estadounidense Clayton Christensen introdujo la teoría de la innovación disruptiva para intentar explicar este fenómeno. La buena administración del negocio y centrarse en mejorar los productos y servicios que ya existen te mantienen alejado de la posibilidad de crear nuevos mercados y oportunidades de crecimiento. Y entonces, con cierta frecuencia, emprendedores y pequeñas empresas toman por asalto un espacio o un sector de actividad y desplazan a los líderes establecidos. La teoría de Christensen aguantó las críticas y también sirvió para explicar el derrumbe de gigantes como Kodak, la multinacional que inventó la fotografía de consumo y sufrió la transformación masiva de su sector. ¿Quién desafió su reinado inventando la cámara digital? Curiosamente, fue uno de sus ingenieros quien desarrolló el primer artefacto que permitía tomar fotografías sin necesidad de un rollo de película. Pero sus atontados directivos pensaron: ¿quién va a querer hacer fotos que no se pueden visualizar en papel? Aparcaron el asunto y jugaron con el tiempo. Después de dominar durante ciento treinta años el mundo de la imagen, su empecinada resistencia y el temor a que su propio invento canibalizara sus ingresos anuales llevaron a la prestigiosa y tozuda Kodak a convertirse en un recuerdo del pasado.

Si a ti nunca te gustaron los álbumes de fotos familiares y tu negocio es fabricar escaleras de caracol o sillas de madera, se supone que no tendrás ningún problema porque ambos elementos están totalmente inventados. Pero no te confundas, a veces la tecnología es un riesgo que no amenaza directamente a tu negocio. Se presenta inocente y desapasionada, distante y maltrecha, ocultando así su descomunal poder de transformación.

He visto la llegada del fax y tuve la habilidad suficiente para camuflar en mi maleta un moderno Panasonic comprado en una tienda de Nueva York. El cartero del barrio me miraba con lágrimas en los ojos y el aparatito nunca dormía. Acostumbrado ya al ordenador de mesa, un día se me ocurrió introducir el catálogo de productos en un disquete flexible de BASF y los clientes hacían cola para obtenerlo. Un día vino un señor extraño al que llamaban «el informático» y me dejó un maletín de la marca Texas Instruments. Se trataba de un *laptop* o *notebook*, el ordenador portátil con el que yo iba y venía del futuro. Al poco tiempo regresó a mi oficina y me dijo:

—Necesito su portátil para instalar el correo electrónico.

—¿Qué cosa?

—Utilizaré la palabra *Néstor* para crear su dirección.

—¿La dirección de qué?

—La cuenta de correo electrónico, su buzón de correo.

—Tengo un buzón en la puerta, no me jodas.

—Los correos ahora llegarán al ordenador.

—¿Me estás tomando por boludo?

—El símbolo arroba va después de su nombre y lo separa del dominio.

—¿Qué dices? La casa está a mi nombre, no tengo hipoteca.

—Es para traducir la dirección IP.

—¿Dónde dejé mi bate de béisbol?

—Será nestor@schneider.com.

—Mejor nestorelignorante@veteajoderaotraparte.com.

Entre los aturdidos mortales de mi generación, estos anticipos tecnológicos pivotaban entre lo novedoso y lo inquietante. Si vamos a llegar a Marte, decía mi amigo Miguel Toto, antes hay que inventar el correo electrónico, el videoclub, el teléfono móvil, la PlayStation y, por supuesto, vencer al maldito efecto 2000. Todo comenzó cuando un cristiano le dijo al emperador romano que con el cielo tenía suficiente, y que la tierra y sus riquezas podían seguir bajo el dominio de Roma. Sólo veinte siglos más tarde, un imperio estadounidense poderoso y tecnológico utilizó la misma idea para desafiar las tres dimensiones que configuran el espacio físico terrestre. Los franceses estuvieron cerca, pero, al igual que con el canal de Panamá, se quedaron sin dinero antes de llegar a la meta. Es lo que tiene no inventar la Coca-Cola antes que los demás.

Entonces nació internet, una red civil y descentralizada de ordenadores interconectados, bajo propiedad global compartida, para compartir información de toda clase e intercambiar datos útiles o inútiles. Al menos, eso decían...

Lo que realmente ha nacido es el canal digital, una dimensión tecnológica excepcional, que ha impuesto definitivamente nuevas formas de hacer los negocios y las cosas.

Te guste o no, te pille mayorcito o a la espera del coche autónomo, es posible que la clave de tu negocio esté en analizar la mejor convivencia entre el canal físico de toda la vida y el canal digital, no en la canibalización inmediata del uno por el otro. Es increíble, pero muchos emprendedores se siguen negando a aceptarlo y asumen un riesgo innecesario. Piensan que internet solamente sirve para crear *influencers*, *youtubers*, marcas personales, servicios de almacenamiento en nubes muy altas, que te permiten escuchar música y ver películas que no se guardan en ningún lado.

El canal digital facilita la concentración, pero también la escalabilidad.

Los grandes del mercado siempre vertieron su publicidad en los medios potentes, de la mano de los mejores creativos de las agencias de publicidad más reconocidas. En eso consistía la escalabilidad hasta hace poco tiempo, con la televisión en el centro del universo. Mientras tanto, los pequeños estaban sumergidos y hacían sus apuestas en radios y televisiones locales. Si el presupuesto alcanzaba, también colocaban enormes carteles, recurrían al buzoneo, gritaban alocadamente por las calles con un megáfono, participaban en guías de colores, contrataban al hombre anuncio o simplemente buscaban clientes puerta a puerta, teniendo mucho cuidado con el perro. El mercado tenía sus límites, los recursos y los metros cuadrados de tu tienda también. La invención del canal digital facilita que Amazon le dé un abrazo al mundo. Pero además permite la participación de todos, incluidos los pequeños y los muy pequeños.

Por las calles de internet circulan diariamente miles y miles de personas buscando productos y servicios para comprar, alquilar o contratar. Las diez mejores joyerías de Madrid venden mucho y ofrecen personalización y seguridad, pero un solo competidor ubicado en Teruel o Ponferrada puede ahora triplicar el volumen de ventas de las madrileñas, ganar dinero y ser el joyero preferido de sus proveedores.

No entender la hibridación es un riesgo. Pero ¿eso qué es? Se trata de combinar dos elementos tecnológicamente distintos para obtener un producto o una solución novedosa. Ahora bien, si por alguna razón volvemos a separarlos, cada uno de estos elementos seguirá siendo lo que era antes de combinarlos. Por ejemplo, de eso trata un Toyota Prius, que combina rentablemente un motor de gasolina con otros dos eléctricos. Y de eso trata, en la mayoría de los casos, la comercialización moderna: hibridar el canal físico offline con el canal digital online. Pero todavía hay empresas, grandes y pequeñas, que separan con insistencia la comercialización por canales, molestando o aturdiendo a sus clientes por no distinguir la diferencia. No buscan la sinergia, no terminan de hibridar. O simplemente no saben hacerlo. Su organización está dividida informalmente por bandos y si tú no eres del suyo, eres *cliente non grato*... No traigas más problemas y ve a la web. Y si te han dicho los de online que acudas aquí, pues que vengan ellos para atenderte. Estos bandos en disputa me recuerdan a las pymes y no tan pymes cuando quieren salir al exterior. Cuentan con un director comercial nacional con acreditada experiencia, que conoce el negocio y la cultura interna, y tiene mucho que aportar. No obstante, contratan a un director de exportación cuya primera gran contribución es el conocimiento de aeropuertos internacionales y su dominio del idioma inglés. Sin saberlo, han roto la dirección comercial única y han perjudicado el flujo de información entre ambos.

El riesgo tecnológico es un invitado permanente y las ideologías no sirven para evitarlo. Ahora es el turno de la inteligencia artificial, una habilidad propia de las máquinas que se despega de sus rincones habituales y tiene una capacidad de transformación enorme. Digamos que es lo suficientemente enorme para que unas cuantas personas y otras formas de vida se den por indignadas o por vencidas. Pero se supone que la estamos inventando para complementarnos, no para reemplazarnos.

La tecnología no descansa, tú no te asustes y piensa en términos de negocio.

2

Madera de emprendedor: el que nace para pito nunca llega a corneta

Cuando echo cuentas, veo que ya llevo más de cuarenta años emprendiendo. Con muchos kilómetros, esfuerzo y dinero, he podido subir hasta la categoría superior: empresario. En la actualidad soy el socio palanca de un grupo vinculado de pymes y trabajo impulsando a sus emprendedores. Es decir, soy el punto de apoyo que necesitan para desplazar obstáculos, ganar velocidad y recorrer mayores distancias en menor tiempo. Cuentan conmigo para que sus organizaciones crezcan. Les aporto la experiencia que todavía no tienen y soy la sangre fría para refrigerar las situaciones que queman. Poco a poco, aprenden a manejar la temperatura y a jugar con las ideas. En general, no se enfadan si no pensamos igual. Mi trabajo no es liderar las pymes, para eso están ellos. Me quieren y me requieren para subir de nivel, para analizar problemas y anticipar escenarios. También para confirmar sus sospechas o para avalar sus certezas. Doy la vara sin preocuparme de resultar políticamente correcto e imparto, según las llaman, las *nestorías*, una suerte de clases prácticas e individuales sobre el terreno. Son especialmente realistas, intimidatorias para los observadores y sin escapatoria posible, a menos que decidas tirar la toalla. Si eres un emprendedor de verdad, comienzan y terminan cuando a mí me parece suficiente.

No soy un teórico y no me hacen falta cursos de adoctrinamiento ni consultores expertos que describan las condiciones que debe reunir un buen emprendedor. Las he visto, sufrido y masticado durante bastante tiempo. Si percibo en alguien la pasión y la ambición genuinas de crear su propio negocio, entonces podemos hablar. Ahí está justamente el gran punto de partida, el que marca la diferencia entre unos mortales y otros. La ambición es una energía poderosa e inconformista, un tanto estigmatizada por ciertas ideologías y vinculada con la gratificación personal. La pasión es una fuerza vital, un sentimiento intenso. Es entusiasmo y alegría, nos proporciona significado y motivación.

Un emprendedor no es un aventurero, es un explorador inconformista

Las redes sociales te enseñan a personas superfelices viajando por el mundo y trabajando desde lugares estupendos. Un par de horas por la mañana en la playa de los Conejos de Lampedusa o después de los postres en el Quay Restaurant de Sídney. Sus proyectos son divinos, oportunos y exitosos. No fabrican nada y tampoco necesitan empleados. Sus vidas son un sueño, y la tuya, un absurdo total. Cuando los veo vendiendo guías y consejos inútiles que describen el emprendimiento como una aventura, me dan ganas de tener a mano el lanzallamas de Leonardo DiCaprio en la película de Tarantino *Érase una vez en Hollywood*. Difundir una visión exclusiva o descafeinada no ayuda a nadie, al contrario. Si nunca te has mojado esperando el autobús, te costará comprender el valor de conseguir lo que quieres mediante el esfuerzo. Puedes calcularlo en términos de kilocalorías, horas sin dormir o cumpleaños perdidos, pero ten en cuenta que el esfuerzo por venir no es para cualquiera. Lo sintetiza sabiamente Andrés Calamaro en la canción dedicada a Paloma: «No cometas el crimen, varón, si no vas a cumplir la condena». Es decir, después de reflexionar y comprometerte, dale con fuerza porque en eso has quedado contigo mismo.

Emprender es una actividad que te puede convertir en un adicto al trabajo

Es evidente que las necesidades cambian en función de la época y del pedazo del mundo en el que te ha tocado vivir. Hay quienes se conforman con un buen autoempleo y no pierden el sueño ni el tiempo libre por ningún proyecto. Favorecidos por el contexto, respetan desde el principio unos límites muy claros: ser su propio jefe y, como mucho, su propio empleado. Pero otros no aceptan limitaciones y no se detienen hasta convertirse en adictos al trabajo. Porque, entre otras cosas, no pueden evitarlo. Ser muy productivo es admirable y suele tener recompensas. Obviamente, también sus consecuencias. Esta derivada que ahora denominan *workaholismo* la padecen una gran cantidad de emprendedores y, a veces, ni una buena pareja con los pies en la tierra lo puede solucionar. Dedicar horas no significa que, a cambio, irás recorriendo el mejor camino posible o que ascenderás rápidamente a la superficie del éxito como flatulencia de buzo. La adicción al trabajo es una elección complicada que conozco de primera mano. Una de sus ventajas es que te permitirá adquirir, antes que a los demás, un producto insuperable y muy importante llamado conocimiento práctico. Valoraciones filosóficas y desventajas aparte, ésa será tu principal materia prima para crecer y no especialmente el dinero, como sospecha la mayoría. Pero esto que es tan fácil de leer, no lo es a la hora de aprender a ejecutarlo. Además de jugar a buscar el equilibrio, necesitas ser entrenable y no un *Homus cabezotus*, esos bípedos torpes que habitualmente tienen la razón hasta morir y que caminan en bucle sin otra alternativa que pasar una y otra vez por el mismo lugar.

Si eres entrenable, las cosas van a ser distintas. Porque irás incorporando rápidamente una serie de características prácticas que potencian a un futuro buen emprendedor, las que te darán un mayor dominio de las situaciones por venir.

«Digan lo que digan», como cantaba el gran Raphael, no hay más que seis.

Comencemos por la primera: la capacidad para construir redes de apoyo

Si quieres emprender, vas a tener que aprender a competir y colaborar. A competir te va a enseñar tu propio mercado. Pero tú quieres crecer, no dejar que te mastiquen. Por lo tanto, necesitas hacer algo regio para superar la vulnerabilidad de tu falta de tamaño y experiencia. Construir o integrar una red de apoyo es la clave. Se trata de una estructura informal que ofrece algún tipo de intercambio, donde la materia prima principal es el soporte, no el dinero ni los favores contabilizados. Las redes de apoyo, o círculos de confianza, como las llaman los sociólogos, no se construyen por medio de instituciones públicas o agencias de desarrollo, eso es otra cosa. Estoy hablando de personas con ganas de colaborar y hacer vecindario, que funcionan de forma similar ante el desafío de poner en marcha un negocio o liderar una pyme. Somos muy humanos y entre nosotros hay de todo: valientes y temerosos, confiados y desconfiados, optimistas y pesimistas, y también dadores y tomadores. Al llegar a una reunión, un dador es una persona con ganas de participar, que se ofrece y pregunta qué puede hacer por los demás. Un tomador, en cambio, se mantiene expectante y en silencio, hasta tener claro qué es lo que puede llevarse de ahí.

Nadie es un dador increíblemente crédulo, de la misma manera que nadie es un tomador decididamente diabólico.

Pero al margen de vivir o sufrir situaciones excepcionales, todos tenemos tendencia hacia un lado o hacia el otro. En una red de apoyo, los dadores deben ser mayoría y, además, liderarla. Y esto marca una diferencia a la hora de intercambiar colaboraciones, cada uno a su turno y bajo demanda. Generalmente no hay dinero de por medio, no es necesario. Se trata de colaborar y prestar ayuda, de agrupar recursos materiales y conceptuales, de ofrecerlos y disponer de ellos, sin que nadie pierda su legítima propiedad.

El punto de partida de los dadores se acerca más a la coherencia, no a la oportunidad. Es otra diferencia importante que tener en cuenta. En mi red de apoyo tengo mecánicos, médicos, abogados, ingenieros, financieros, restauradores, estrategas, arquitectas, *copywriters*, profesoras, pequeños empresarios, pintores y mentores. Nos pedimos ayuda y crecemos juntos, y no llevamos ninguna cuenta.

Sigamos con la segunda: la necesidad de buscar información

Veo habitualmente a emprendedores bien intencionados que quieren ponerse en marcha y vender productos de su imaginación. Y eso es magnífico si satisfacen efectivamente el deseo o la necesidad de alguien. Pero para saberlo hay que preguntar, y preguntar, y volver a preguntar, además de investigar, comparar y consultar fuentes alternativas. Con este proceso se aprende pronto a distinguir al que habla de lo que escucha por ahí del que habla de lo que realmente sabe.

Ten en cuenta que, a la hora de emprender, la falta de curiosidad y de información cuestan mucho dinero.

Y no sólo para conocer qué quieren los clientes, también para crear, innovar, contratar una póliza de seguro o un préstamo, elegir una asesoría o la compra de una máquina o herramienta. Me pongo de mal humor cuando un emprendedor en prácticas, ante sus pocas ganas de indagar, sigue utilizando la muletilla habitual de las víctimas que argumentan «es que a mí me dijeron», o su opuesto imperfecto «es que a mí no me dijeron». Ten en cuenta que no existe el «no me dijo», existe el «no le pregunté».

No hay preguntas tontas, sino tontos que no preguntan.

Preguntemos a pesar de todo.

Siempre he sabido que las preguntas son poderosas si resultan respetuosas y adecuadas. No tienen por qué ser una manera de controlar o cuestionar a los demás y tampoco de exponer nuestras debilidades emocionales. Contribuyen a identificar los riesgos y las amenazas. A imaginar nuevas posibilidades, a desafiar creencias establecidas y a entender el mundo que nos rodea.

Lloremos juntos si quieres, pero sin preguntar, no hay paraíso ni negocio bien orientado.

Trabajé mucho tiempo en el comercio internacional. Las ganas de crecer empujaban a las pymes a salir de gira incesante por el mundo hasta dar con el pedido de su vida, pero la ausencia de metodología era evidente. Así que tomar ordenadamente partes de mercado rentables y duraderas era una misión imposible. En su lugar, el resignado *area manager* sumaba millas, regalos para la familia y pocas ventas. Entonces, allá por 2004 me propuse bajar del avión y organizar mis conclusiones prácticas en un seminario de ocho horas que titulé «Los trece errores frecuentes del exportador» y que escucharon más de cinco mil personas en la península ibérica. Disfruté, enseñé y me divertí mucho junto a Guillermo Amann, otro experimentado viajero internacional. Con su estudiada intervención, él me permitía darle el toque de humor adecuado para hacer reflexionar a la parroquia asistente sobre los errores internacionales que todos habíamos cometido. Pero teníamos un problema insólito: nadie nos hacía preguntas.

Reían y aplaudían, pero no nos hacían ninguna pregunta.

Como habitualmente en el evento intervenían una cámara de comercio y una entidad financiera, un día en Burgos se me ocurrió decir: «BVBA ofrece una cuenta corriente sin comisiones y un viaje a la República Dominicana para dos personas a quien me haga la primera pregunta...».

Nada, *nothing*, cero patatero, ninguno. Mientras el representante del banco me miraba con cara de psicópata adictivo, todos seguían callados y un poco sorprendidos por el inesperado ofrecimiento. Al parecer, en muchas pequeñas ciudades de España las preguntas están mal vistas y molestan. Mi vecina Charo siempre dice que se trata de un rasgo cultural muy cristiano y arraigado.

Cultura es usos, reglas y costumbres, es «cómo se hacen y funcionan las cosas aquí», tanto para un país como para una organización tan sencilla como tu pyme (en el capítulo nueve te explico muy bien su importancia).

Unos años más tarde, el seminario «Los trece errores frecuentes del exportador» aterrizó en Nueva Delhi, la capital de la República Federal de la India. Recuerdo que era un jueves de marzo y, desde las 9 de la mañana, unos cien inquietos y curiosos empresarios esperaban impacientes el comienzo de mi exposición. Minutos antes, un funcionario de la embajada española me advirtió de que no les dejara hacer preguntas, porque no saldríamos de la sala hasta después del té de las cinco...

Al finalizar de exponer el primero de los trece errores, dije a viva voz en mi tribal y defectuoso inglés: «Someone has any question for me?». Pues sí, los allí presentes tenían cincuenta excelentes preguntas para mí... Llegamos hasta el error número cuatro y lamentablemente se terminó la jornada. En Nueva Delhi, como en tantas otras ciudades y países, tu pregunta no molesta. Todo lo contrario, significa interés y curiosidad, ganas de saber, aprender y participar. Sin preguntas no hay voluntad de cambio, no hay descubrimiento posible ni negocio bien orientado.

Ahora vamos con la tercera característica: eso de cumplir los compromisos

Ya lo sabes, si quieres emprender, asumirás un contrato de trabajo contigo mismo. Eres un protagonista, no una víctima fatalista sometida a las eventualidades. Es decir, te has comprometido contigo y no con el jefe de la pyme más cercana. El compromiso es una fuerza que transforma una promesa en realidad, es encontrar tiempo cuando no lo hay, es cumplir a pesar de las circunstancias. Te parecerá una obviedad, pero una empresa logrará sobrevivir en la medida en que pueda contraer compromisos y cumplirlos. Su habilidad para responder a los imprevistos que se lo impidan es fundamental. Y en eso tiene un papel importante la responsabilidad, que no significa efectuar una depuración higiénica del individuo defectuoso y nominarlo a culpable de la semana para olvidar rápidamente el asunto.

Responsabilidad es la capacidad para responder a un reto.

De ahí vienen los recursos y el potencial para formalizar acuerdos y compromisos, una forma de obligarnos a cumplir con aquello que hemos acordado previamente. Un buen emprendedor utiliza su poder para declarar y cumplir sus compromisos.

El kryptoniano Superman tiene el poder de volar, y el mutante Logan, de cortar a Batman en rebanadas con sus garras retráctiles de adamantium. Pero tú tienes el poder de llegar siempre a la hora señalada, de devolver la llamada, de enviar un presupuesto cuando lo dices y de entregar un pedido en la fecha convenida.

Para los humanos, el poder es una fuerza relacional y, si quieres emprender, es importante que lo tengas claro.

Tú también eres poderoso y puedes dar ejemplo. Porque resulta que el ejemplo es el mejor instrumento pedagógico que vas a tener a mano para motivar y movilizar, a pesar de los soberbios y mediocres que niegan su valor. Cumplir los compromisos a veces supone una cuota de esfuerzo adicional, pero a cambio vas a obtener satisfacciones y generar confianza, cuestiones trascendentales para hacer negocios. Los veteranos sabemos que la confianza construye confianza, estimula la cooperación y une a las personas. Permite asumir riesgos y es un magnífico impulsor para avanzar e inspirar a los demás.

Es una composición y se sostiene siempre sobre tres intangibles fundamentales que hay que tener muy en cuenta:

- La coherencia, que es la relación lógica entre lo que dices, lo que haces y lo que piensas.
- La competencia, que implica la capacidad efectiva que tienes de hacer eso que dices que sabes hacer.
- La confiabilidad, que resume el registro histórico del cumplimiento de tus promesas, de la firmeza de tus palabras.

El reconocimiento de estos tres intangibles tiene más utilidad práctica de lo que parece, te permitirá explicarte y argumentar. Hay gente que, ante una determinada negativa, se enoja y te pregunta enfadada si el problema es que no le tienes confianza. Pues adelante, lidera tú y diles claramente el porqué. Puede tratarse de personas coherentes y confiables, pero que realmente sabes que no han desarrollado la competencia para hacer lo que les pides. O, por el contrario, son muy competentes, pero están acostumbradas a no cumplir fielmente sus compromisos.

La confianza es opinable e interpretativa, y eso a veces te parecerá injusto, pero lloremos juntos una vez más, porque es así. Todos partimos de la subjetividad que hay en nuestra cajita personal de creencias: los viejos se resisten al cambio, los jóvenes son irresponsables, los vendedores mienten y las pymes pagan poco a sus empleados. Pero también las sillas de las salas de reuniones pueden resistir nuestro peso, el agua mineral que te dejan en la habitación del hotel no está contaminada y en una pyme siempre podrás hablar con alguno de los socios.

Si cumples con tus compromisos, vas a generar confianza y ganar dinero. Poco a poco, te irás rodeando de los mejores y descubrirás algo interesante para avanzar en cualquier emprendimiento: el talento no es simplemente inteligencia o capacidad para aprender una determinada tarea.

Como muy bien indica el sociólogo José Manuel Casado, el talento es el producto de multiplicar competencia por compromiso.

Ponte a hacer las cuentas. Puedes tener a tu lado un magnífico informático o un gran ingeniero. Ahora bien, si sólo quiere esforzarse un rato por las mañanas y terminar su trabajo cuando a él le vaya bien, la relación no funcionará. Podrá ser muy competente en su campo de actividad, pero un bajo nivel de compromiso lo vulgariza todo.

Se viene la cuarta: la confianza en ti mismo

Confiar en uno mismo no es automático ni permanente. Los momentos vitales interfieren y los cambios exteriores, en menor o mayor medida, nos afectan a todos. Pero si vienes de casa con la autoestima suficiente y los valores en alto, ya estás en condiciones de buscar un reto y ponerte a practicar. ¿Tú conduces un automóvil, juegas al tenis, paseas en bicicleta o tocas la guitarra? Entonces ya lo sabes: practicando has aprendido a superar los temores iniciales, apasionarte por el proceso, valorar los resultados y mejorar en función de tus habilidades. Eso que llevas haciendo una y otra vez con naturalidad es posible gracias a la confianza intrínseca que tienes en ti mismo. No importa si a veces necesitas la ayuda de un empujón amigable y experimentado, el resultado no cambiará.

Si quieres emprender, confías en ti y además eres un autónomo emocional, vas por buen camino. La autonomía es la capacidad de fijar tus propias reglas. Es decir, tú te gobiernas y eres el protagonista de tus aciertos y errores. Admites tu torpeza cuando tiras una copa de la mesa, porque sabes que el incoloro recipiente no tuvo la intención de suicidarse. No tienes miedo a equivocarte y no te sientes culpable. Tampoco eres una víctima inocente de las circunstancias. Otra cosa sucede cuando repites, semana tras semana, siempre los mismos errores. Pero ése es otro asunto.

Si confías en ti, puedes planificar, fijar objetivos y cambiarlos sin sentirte un desgraciado. Serás más flexible para jugar con las ideas de los demás y aprovechar las circunstancias. Ésa es una de las claves importantes: los niños aprenden jugando y los buenos emprendedores también. Lo que quiero decirte es que puedes utilizar tu imaginación para trabajar un rato bajo una suposición que no es tuya y que por el momento no te pertenece. Tú decides hasta cuándo jugar con una idea inesperada hasta adoptarla o dejarla definitivamente a un lado. Así te acostumbrarás a comprender y ceder sin que eso suponga un ataque a tus valores y creencias. Y cuando quieras darte cuenta, percibirás la creatividad como un simple acto de audacia y rebelión, impulsada por las ganas de los más atrevidos.

La inflexibilidad, por el contrario, es miedo y una limitación gigante para aprender y emprender. Miedo al cambio, a la novedad, a la inestabilidad y al resultado incierto. No es posible avanzar mucho tiempo con un patrón único de pensamiento. Desechar sistemáticamente otros puntos de vista genera dos situaciones muy particulares. Por un lado, terminarás rodeado de los peores de cada barrio, porque los mejores se alejarán progresivamente de ti. Y emprender con socios, empleados o formas de vida que apenas saben hablar su propio idioma te aseguro que resulta costoso y complicado. Por otro lado, la falta de confianza en ti mismo te condicionará gravemente a la hora de resolver los problemas.

Llegamos a la quinta: el problema es de quien lo sufre y no se trata de un objeto. ¿Te gustará reconocerlo?

Cuando un cliente no te paga por falta de dinero, no sirve de nada que le digas airadamente que «ése no es mi problema». Lloremos juntos, y mucho, si te hace falta, pero el maldito problema es tan tuyo como tu número de la Seguridad Social. Ahora bien, sabemos que es un intangible, una circunstancia opuesta, un obstáculo por delante que requiere una solución. Pero en determinados contextos, aunque te inmovilice, te costará reconocerlo como propio. Y tu comportamiento terminará condicionando el nivel de esfuerzo que utilizarás para encontrar una solución.

Busca un folio y ponte a dibujar.

Te lo cuento gráficamente: sólo tienes que ser capaz de visualizar la cruz cristiana de toda la vida, esa que lleva el papa de turno alrededor del cuello. ¿Preparado? Dibuja los dos ejes que configuran una cruz.

Empecemos por el eje vertical, el más largo. Ubica arriba el problema y abajo la solución. La distancia entre ambos extremos significa el nivel de esfuerzo que hay por delante.

Si para algunas personas esa distancia entre extremos es excesiva o no aceptan su propia incapacidad, actuarán condicionadas por su ideología e inflexibilidad y no estarán dispuestas a realizar el esfuerzo suficiente para llegar a una solución. Sencillamente, no querrán hacerlo y punto. ¿Qué va a suceder entonces?

Sigamos ahora con el eje horizontal, el más corto y que cruza el vertical.

Para no realizar el esfuerzo necesario, unos irán directamente hacia la derecha. En ese extremo van a lamentarse y considerar el problema como una tragedia griega. Es decir, como una sucesión de hechos inevitables y dramáticos. Por lo tanto, se rendirán y no harán nada, pasarán a otra cosa. Otros harán lo contrario, irán hacia la izquierda del eje horizontal. Ubicados cómodamente en ese extremo, van a considerar el problema como una estupenda oportunidad para criticar al que tengan a mano y no les impida echar balones fuera. Lo harán caiga quien caiga, aunque también ellos estén incluidos. Piénsalo y reflexiona: los extremos horizontales de la cruz te harán perder tiempo y dinero.

Si vas a emprender, necesitas aprender.

Vivir significa tratar con problemas. Seguramente lo entiendes, otra cosa es que no quieras aceptarlo.

En *Una guía para los perplejos*, el alemán Ernst Schumacher hace una distinción muy interesante que siempre me ha gustado aplicar, especialmente en el entorno de los negocios. Schumacher define dos clases de problemas: los *convergentes* y los *divergentes*. La palabra *converger* significa que diferentes cosas, ideas o situaciones que parten de posiciones separadas van en una misma dirección y se juntan en un mismo punto.

Los *problemas convergentes* son aquellos cuyas soluciones se acercan entre sí, porque en definitiva se ajustan a leyes físicas y matemáticas. Un buen ejemplo está en el desarrollo de la popular bicicleta. El problema de diseñar un sistema de transporte con dos ruedas impulsadas por un humano ha seguido históricamente una serie convergente de soluciones que dio como resultado nuestra bicicleta de toda la vida. Es decir, un diseño extremadamente estable a lo largo del tiempo que ha tenido en consideración el centro de gravedad, el punto de equilibrio, el efecto giroscópico, la fuerza centrífuga y otros principios físicos y mecánicos.

La palabra *divergir* significa separación, desacuerdo o diferente punto de vista. Los *problemas divergentes* son aquellos que, puestos a resolver por personas hábiles e inteligentes, pueden tener soluciones contradictorias o recomendaciones opuestas. ¿Cuál es la mejor estrategia para vender mis servicios en un mercado saturado? ¿Dónde está mi segmento? ¿Debo privilegiar el canal digital? ¿Es mejor un sitio web orientado al posicionamiento SEO o a la estética? ¿Invierto recursos en eliminar los cuellos de botella contratando gente más preparada? A pesar de que muchos lo siguen intentando, los problemas divergentes no se resuelven aplicando las matemáticas. Si tú quieres hacer negocio, esto tiene una gran importancia: es en la divergencia donde se libran las batallas por las ventajas competitivas.

Detén la lectura y reflexiona unos minutos, que no se trata de una frase más: he conocido a muchos emprendedores que cayeron al vacío por no aceptar que es en la divergencia donde se libran las batallas por las ventajas competitivas.

Terminamos con la sexta: la capacidad de anticiparse

Esto es muy sencillo: significa actuar antes de que sea demasiado tarde. Pero evidentemente no es tan fácil, y en saber diferenciar entre lo urgente y lo importante está una de las claves. No me estoy refiriendo, por ahora, a la consigna de anticiparse a las necesidades de los clientes. El asunto aquí es lograr que tu pyme supere los mil días de vida. Y para eso hay que desarrollar la capacidad de anticiparse a unas cuantas situaciones por venir. Porque las cosas ocurren y prácticamente no se puede hacer nada con prisa y seguridad a la vez.

Anticiparse sirve para disminuir la vulnerabilidad y la fragilidad de un negocio.

Para hacerlo hay que ver el futuro de otra forma. Ya no se trata de aquello que inevitablemente sucederá, sino de eso que tú mismo intentarás que suceda por medio de tus decisiones y acciones. De combinar audacia, planificación y flexibilidad. No te sorprendas, pero los humanos no hemos llegado hasta aquí sólo con tirar una rueda desde una pendiente y sentarnos a observar el desenlace.

El futuro también está relacionado con los tres ejes temporales de cualquier emprendimiento. Tienes el día a día para dejar casi toda tu energía, el mediano plazo para analizar el rumbo y el largo plazo para fijarte objetivos. Y, por supuesto, a todos nos cuesta evitar quedar atrapados en la telaraña diaria. Pero aquellos que destinan disciplinadamente una porción de su tiempo para los dos ejes más lejanos y fríos, terminan desarrollando la capacidad de anticiparse.

Todos podemos invertir dos horas semanales en reflexionar hacia dónde vamos.

Escucho habitualmente a emprendedores argumentando que para ellos no es posible salir del día a día porque no tienen alternativa y deben seguir trabajando en lo que toca. Son siempre los mismos: sus presupuestos comerciales son incomprensibles; dos semanas después te envían una factura mal hecha; entregan los papeles a la asesoría unas horas antes del vencimiento del IVA; no responden, apenas pueden visitar a sus clientes y, si algo falla, mejor llama tú a su proveedor porque ellos nunca tienen tiempo. Si la mecánica habitual es dejar algo importante para más adelante, cuando pierdes el control es porque ya se ha transformado en urgente y las cosas se terminan complicando. Generalmente no se trata de la falta de recursos, sino de una cuestión de falta de profesionalidad y de método, en la que ellos mismos serán los primeros perjudicados.

Si todo es urgente, estás improvisando. Y eso sólo te servirá hasta la próxima crisis.

O peor aún, estás procrastinando.

Mi vecina Charo está convencida de que su hijo sufre de procrastinación y su hermana le dice que el problema es otro: el chaval es un vago de mierda. Aunque muchas personas piensan que es lo mismo, un vago es una cosa y un procrastinador es otra. Ambos son actos voluntarios, pero con consecuencias distintas. Mi madre, que tiene 94 años y nació en la pampa húmeda argentina, sigue insistiendo en que «carreta parada no hace jornada». La frase puede movilizar a cierta clase de haraganes y perezosos, pero procrastinar no es dejar para mañana lo que puedes hacer hoy. No se trata de un asunto de holgazanería o de falta de productividad, sino del manejo de las emociones. Tampoco es un defecto permanente o una maldición misteriosa. Es una forma de enfrentar las emociones desafiantes, de enfocarnos en la urgencia inmediata de las cosas para poder evadirnos de una tarea problemática. Cuando somos emprendedores en prácticas nos falta experiencia y habitualmente estamos mal preparados. Entonces a veces procrastinamos. Dudamos de nosotros, tenemos baja autoestima y sentimos ansiedad o inseguridad. Hacemos una serie de asociaciones negativas con una tarea y la postergamos a cambio de cierto alivio inmediato. Imprudentemente, se la dejamos mal enjaulada a nuestro yo del futuro. Y si nos acostumbramos a eso, la adicción a procrastinar está a dos pasos...

¿Tú quieres emprender?

Tienes que construir redes de apoyo, buscar información y preguntar, tener la fuerza suficiente para cumplir tus compromisos, confiar en ti mismo y en la flexibilidad. También aceptar que vas a tratar con problemas y saber anticiparte. Y si por un descuido le preguntas a mi madre, también añadirá: beber con moderación, dormir ocho horas al día, evitar los radares de la DGT y tratar bien a las personas que pueden menos.

¿Con todo eso ya es suficiente para ser un emprendedor?

Esta pregunta es muy habitual y, si estás buscando la gloria o una excusa para pasar a la clandestinidad, te voy a dar la respuesta que necesitas. Hay gente que admira sinceramente la pasión que sienten los buenos emprendedores por llevar adelante su proyecto. Algunos lo viven como un misterio, evitan las complicaciones y, si la ocasión lo impone, se conforman con el sabor umami de la envidia. Pero otros quieren averiguar si se trata de formas de vida arrastradas por el azar o si hay algo más que permanece oculto a la vista de flojos y cenizos. Me voy a servir de las palabras de Federico García Lorca en la primera conferencia que ofreció en la ciudad de Buenos Aires, allá por octubre de 1933. El gran poeta granadino les contó a los intelectuales porteños que, en toda Andalucía, la gente habla constantemente del duende y lo descubre en cuanto sale con instinto eficaz.

«El duende es un poder y no un obrar, es un luchar y no un pensar.»

En palabras de Lorca:

> Es un poder misterioso que todos sienten y que ningún filósofo explica. Todo hombre (o mujer), todo artista, cada escala que sube en

> la torre de su perfección es a costa de la lucha que sostiene con su duende, no con su ángel ni con su musa. El ángel guía, y regala, y previene. El ángel deslumbra, pero vuela sobre la cabeza del hombre, está por encima, derrama su gracia. La musa dicta y en algunas ocasiones sopla. Puede relativamente poco. La musa despierta la inteligencia, trae paisajes de columnas y falso sabor de laureles. Ángel y musas vienen de fuera; el ángel da luces y la musa da formas. En cambio, al duende hay que despertarlo en las últimas habitaciones de la sangre.

«La verdadera lucha es con el duende.»

La inspiradora descripción de Federico García Lorca no pierde intensidad en ningún momento. «La llegada del duende presupone siempre un cambio radical en todas las formas. Sobre planos viejos, da sensaciones de frescura totalmente inéditas, con una calidad de rosa recién creada, de milagro, que llega a producir un entusiasmo casi religioso. Para buscar al duende no hay mapa ni ejercicio.» Y lloremos juntos y tomados de la mano, porque tú sabrás de estilos, pero no triunfarás nunca si no tienes duende.

«El duende no es cuestión de facultad, sino de verdadero estilo vivo; es decir, de sangre; es decir, de creación en acto.»

Decía un apasionado Lorca, ese poeta con *musha* sangre andaluza, que todas las artes son capaces de duende. Después de cuarenta años en esto, te aseguro, sin lugar a dudas, que emprender también.

3

No es solamente dinero: mi reino por un fracaso

Me gusta la experiencia y la respeto allá donde la encuentro. No está contaminada por los sesgos que respaldan a muchos estudios académicos y tampoco por las opiniones ingenuas o politizadas de gente con otros intereses. Sencillamente, se trata de las cicatrices de la práctica, no de una narración bien inventada. La experiencia permanece y se mantiene constante, las teorías van y vienen. Llevo más de cuarenta años dando guerra y, como muchos otros veteranos, tengo muy claro que hacen falta alrededor de mil días para averiguar si tienes realmente un negocio entre manos y sabes llevarlo adelante. Por supuesto que hay situaciones capaces de confirmarlo o desestimarlo antes. Pero, si no es el caso, mi recomendación es que pongas el esfuerzo necesario y dispongas de la paciencia suficiente, porque la perspectiva no es amiga de las urgencias.

No obstante, el fracaso es una posibilidad y no hay que ocultarlo

Y a veces es inevitable. Puedes buscar culpables en la burocracia pública, en las exigencias de las entidades financieras, en un producto de tu imaginación sin futuro o entre los clientes caprichosos que no han comprado lo suficiente. Si necesitas excusas, no te faltarán nunca. Pero los que llevamos una vida de ventaja sabemos que los emprendimientos están fuertemente ligados a la energía y nivel profesional de sus promotores, a sus conocimientos previos del mercado y a la protección de los contextos que han sabido construir.

Porque, como afirma el sociólogo Zygmunt Bauman, sin protegerse de la posibilidad de hacer elecciones erróneas, no hay manera de perseverar en la búsqueda de la elección correcta.

No hace falta tener un doctorado para entender que, en su etapa inicial, los negocios y las pymes son muy vulnerables. La relación entre los socios es determinante, es una de las razones por las cuales las personas se desgastan y los negocios se derrumban. Hacer equipo y sumar capacidades no es tan fácil como dicen los consultores expertos en facturar honorarios a sus clientes. A menudo sucede que los socios ideales presentan poco a poco conductas inesperadas. Y, de pronto, ante una situación en concreto, se convierten en un obstáculo o simplemente parecen seres extraterrestres.

Tirarse en plancha, con la rebeldía e ingenuidad de un adolescente, es muy habitual entre los emprendedores modernos que se quedan sin dinero. Como dice el novelista Stephen King, a la edad en que todavía no hay que afeitarse, el optimismo es una respuesta perfectamente legítima ante el fracaso. La mayoría sufre a mano de sus competidores «una experiencia de mercado alucinante» que los devuelve desconcertados, golpeados y magullados a la casilla de salida.

También está el asunto de las asesorías y gestorías fiscales y contables. Se trata de un servicio disfrazado de vocacional que te domicilian mes a mes, poco práctico y arrogante, prestado en un lenguaje incomprensible para la mayoría de los emprendedores. Ellos no conocen tu negocio, pero opinan, contestan y recomiendan sin salir nunca de su oficina. Tú no eres consciente de tu escasa sapiencia sobre números y, cuando lo descubres, la información contable y fiscal que te han preparado es confusa, vieja e inapelable. No te das cuenta al principio, pero este servicio indispensable cuesta mucho más de lo que piensas...

Emprender es creatividad, pasión y ambición, es disponer de la fuerza necesaria para darle vida a tus propias ideas. Tienes que crear una estructura y arriesgar, además de competir, aprender cosas nuevas, equivocarte, conocer a la gente y comunicar. Especialmente comunicar, que no es lo mismo que enviar un e-mail por la mañana o utilizar el móvil por la tarde.

Hay que asumir que emprender es un riesgo y que el fracaso es una posibilidad que puede formar parte del proceso. Dice la RAE que el fracaso es un hecho lastimoso, inopinado y funesto. Vayan mis respetos por delante a tan prestigiosa institución española, pero es algo más que eso.

El fracaso no es una medicina deseable ni recomendable. Es individual, contundente, doloroso y desolador. Muy raramente será lo mejor que te pueda suceder. Por eso me pone de mal humor la retórica exitosa y feliz que últimamente lo rodea, amparada en frases bonitas y en la utilización de algunos grandes personajes de la historia reciente. En la actualidad, el fracaso cotiza al alza y es una magnífica oportunidad que, como futuro buen emprendedor, tú no debes desperdiciar. A veces me pregunto si los que están realmente detrás de estos sabios consejos han perdido alguna vez un vuelo en su vida, o al menos un par de maletas...

«Lo intentaste. Fracasaste. Da igual. Prueba otra vez. Fracasa otra vez, fracasa mejor.»

Esta famosa y estimulante arenga fue pronunciada por el escritor y tragicómico dramaturgo Samuel Beckett (un gran jugador de críquet, por cierto), que vivía en la mansión de sus padres, rodeada de un enorme jardín y dos pistas de tenis. Por su parte, el admirable estadista británico sir Winston Churchill, que nació en la casa ancestral de su familia, el imponente palacio de Blenheim, ubicado a sólo 100 kilómetros de Londres, argumentaba de forma muy original que: «Si vas por la vida de fracaso en fracaso sin perder el entusiasmo, llegarás al éxito».

Valoro el contexto y agradezco respetuosamente el consejo, lo digo en serio. Pero me pregunto si a ti también te viste un mayordomo inglés por las mañanas. O te despiertas al mediodía en la finca familiar, de esas que tienen quince habitaciones, veinte baños, piscina cubierta, zona para lanzar fuegos artificiales y capilla privada incluida.

¿Para cuántos fracasos te alcanza el dinero?

Si te puedes permitir dos o tres fracasos sin cambiar de barrio, seguramente tienes la capacidad económica para volver a empezar y explicarle a los amigos que la clave de tu éxito está en fracasar más y mejor, con entusiasmo y pasión, hasta alcanzar finalmente tus nobles objetivos. Ahora bien, si eres un emprendedor de los otros, de esos que no tienen dinero para volver a intentarlo, necesitas que tu negocio funcione a la primera, porque no puedes permitirte que el horizonte se te venga encima.

Pero lamentablemente, a veces, el fracaso se apodera por un tiempo de tu vida.

Cualquiera que haya experimentado un fracaso empresarial sabe muy bien que trae consecuencias económicas y emocionales. Por un lado, vas a perder dinero y ahorros, o asumir una deuda que pagar a plazos, que al principio parecen interminables, pero que un día lejano, dependiendo de tu habilidad negociadora, terminarán.

El problema más serio es la hipoteca emocional

Si no haces nada por ti mismo, esta clase de deuda no tiene fecha de cancelación y no se amortiza con dinero. También yo he fracasado de forma estrepitosa en los dos continentes y por distintas razones. Al principio confundía alegremente facturación con beneficios, creía como un estúpido que el tamaño de una pyme se mide por la cantidad de personas contratadas, pensaba que vender lo solucionaba todo y me obstinaba en participar con ingeniosos productos en mercados desconocidos, sin contar con la información suficiente. Muchos hemos fracasado... ¡Y los que faltan todavía! Pero en la forma de interpretar tu fracaso está escondida la energía para salir adelante. Si por desgracia te ocurre, tienes sobre la mesa sólo dos opciones para elegir, no hay tres. O te comportas como la víctima de una sucesión de injustos imprevistos y situaciones incontrolables, de decisiones manipuladas por personas que sabían que tú no sabías, o decides tomar la incómoda opción de ser un protagonista.

Los protagonistas aprenden con los fracasos

Mientras que las víctimas se ven como un ente pasivo sobre el que actúan las fuerzas de la fatalidad, los protagonistas se ven como un ente activo, capaz de forjar su propio destino. Se comportan con responsabilidad y admiten que no han tenido la capacidad suficiente para tomar mejores decisiones. Aceptan con angustia y dolor que fracasar es una parte intrínseca del proceso de aprendizaje y entienden que, además de bastante sufrimiento, han pagado un pastón para obtener conocimiento práctico.

El éxito te da mucha información; el fracaso, también

Los errores son los nuevos puntos de partida, son advertencias para reflexionar y aprender. Son información valiosa para esos emprendedores que no quieren avergonzarse ni mudarse al bando de los perdedores, que no sienten el fracaso como el final del camino. A pesar de las patadas recibidas, deciden capitalizar la dolorosa experiencia para ir a por más. No están dispuestos a despedirse fácilmente de una parte de ellos y deciden transformarse para darle forma a la siguiente oportunidad.

La opción preferible es una decisión que solamente puedes justificar tú

Ser una víctima no te garantiza superioridad moral. Nadie quiere que el horizonte se le venga encima nuevamente, pero la vida, aunque lo parece, no se puede regular. He visto varios fracasos con todo a favor y también grandes triunfos por los que nadie apostaba un duro. He visto grandes esfuerzos que terminaron en fracaso, por insistir en fabricar productos que sólo respondían a la necesidad de cumplir con los requisitos de una subvención, no a la de sus potenciales clientes. He observado a socios mediocres romper una pyme exitosa para llevarse una parte del botín. He acompañado también a buenos emprendedores cuya derrota tenía más dignidad que una victoria. He fracasado y también me he sentido abatido. Por experiencia, sé muy bien lo que se sufre. Te aseguro que no será lo mejor que te pueda suceder, pero si es inevitable, ya sabes cuál es mi opción recomendada.

Y si ya has fracasado, perdónate

El autoperdón es una virtud muy especial. Es la única que nos impulsa a crecer, incluso cuando fracasamos. En el perdón no hay lugar para la frustración. Los errores existen y son los escalones inevitables de un proceso llamado aprendizaje. El error no es vergonzoso, aceptarlo es una actitud responsable.

Tengo un amigo llamado dinero.

El aviso más habitual de un inminente fracaso es cuando nunca tienes nada de valor en la cuenta corriente. Las razones pueden ser diversas y complicadas, y los errores son inevitables. Ya sabes, aprender es un deporte de contacto. Pero en todo esto hay un punto de partida que no conviene dejar de lado: tu relación personal con esos papelitos de colores que se llaman dinero. Me estoy refiriendo al respeto o al desprecio que le tengas, y al oportuno desconocimiento de tres o cuatro reglas básicas de la economía. Es indiscutible que la formación financiera puede prepararte para tomar ciertas decisiones y ayudarte a no perder dinero. Pero cuidado, ese saber no es suficiente para impedir un comportamiento absurdo o temerario en determinadas situaciones. El asunto es muy sencillo: el dinero es un elemento fungible y eso implica que carece de restricciones y se consume con el uso. Y aquí tienen un papel importante los inevitables presupuestos, un legendario invento práctico de egipcios y romanos cuyo objetivo era asegurar la supervivencia. Poco a poco evolucionaron públicamente como herramientas de planificación y control. Hasta que, para muchas formas de vida, han terminado resultando técnicamente inentendibles. La cuestión es si en el marco de una pyme o de un emprendimiento conviene utilizarlos o ignorarlos. O si deben ser abiertos, totalmente cerrados u operativos y flexibles.

Arantxa es una tía lista y con mucha experiencia en la hostelería. Comenzó trabajando de camarera y decidió aprovechar el tiempo observando muy de cerca los gustos de la gente. Ha invertido años entre la barra y la cocina, siempre teniendo claro que lo suyo estaba por construir. Hasta que, probando y experimentando, dio con su producto estrella. Y entonces su historia cambió. Igual que muchos, ella es una autodidacta que comete errores y lucha contra su evidente falta de formación. A favor tiene su honestidad; en contra, su confusión permanente entre valentía y temeridad. Arantxa se la juega y pone negocios en marcha, pero los gestiona como si no existiera un mañana. Abre locales sin hacer los números. Estima que una apertura ronda los 150.000 euros, y con esfuerzo y suerte los consigue. Después cambia de idea, reduce equipamiento y utiliza ese mismo dinero para abrir tres locales. Cuatro meses después, a pesar de contar con un capital inicial importante y un buen flujo de clientes, como ignora los presupuestos, termina en un resultado muy previsible: proveedores fatigados y en rotación permanente, una tesorería que siempre llega tarde y no se recupera, una cantidad de compromisos incumplidos junto con un banco que sigue tus movimientos y ya sospecha de tu suerte. Ellos son mucho más que una hucha moderna con cerradura a pocos metros de la oficina. Analizan, miden, venden, prestan y avalan. O deciden ignorarte en beneficio de no aumentar su tasa de morosidad. Cuando nos sentamos a reflexionar juntos, Arantxa admite que no le gusta que los presupuestos impongan límites a su capacidad de crecimiento. Paradójicamente, de su incumplimiento sistémico se deriva su falta de crecimiento sostenible. Es decir, lo aceptes o no, ese punto de partida llamado presupuesto es un acontecimiento que forma parte integral de un todo.

A los políticos les gusta hablar de presupuestos, pero su visión es muy distinta a la que necesita una empresa para poder crecer. Los buenos economistas les advierten que pueden ser dominados por unas fuerzas ocultas, que actúan desde los sótanos de algún ministerio para que los egresos siempre igualen a los ingresos. Pero ellos, caritativas formas de vida que nunca pagan la cuenta, a menudo hablan del equilibrio presupuestario como una solución técnica para ocultar el verdadero problema: gastan el dinero público como si fuera de los demás, porque, lloremos juntos si no te habías dado cuenta, realmente es de los demás. Y si gastan en exceso, no hay que alarmarse porque ya lo compensarán con un poco de equilibrio. O, dependiendo de las críticas y de los suprapoderes internacionales, con dos pocos de equilibrio.

Las pymes también pueden sufrir cierto desequilibrio presupuestario. Ramón y algunos Ramones lo saben bien. Si el problema es coyuntural o estacional, la buena noticia es que resulta perfectamente visible y puedes meterle mano. Es decir, hay que reducir y negociar, y quizá utilizar financiación para recomponer la salud de tu tesorería. Mi amigo Ramón de Toledo tenía un serio desequilibrio estructural continuo y no era consciente de la situación. Facturaba siete millones de euros al año construyendo viviendas unifamiliares y tenía la sensación de que no ganaba dinero. Pensaba que la solución estaba en vender más y acortar los plazos de ejecución. Desde la administración le pasaban un archivo Excel con varias columnas a las que no les prestaba mucha atención porque trabajaba de director comercial. Firmaba las cuentas anuales que le presentaba la asesoría y se peleaba amigablemente con los clientes que retrasaban los pagos. Ramón de Toledo no disponía de tiempo para buscar desequilibrios estructurales porque ya tenía suficiente con las estructuras de madera de sus viviendas. Gracias a unos gestores financieros muy especiales, obtuvo el dinero necesario para recomponer la malograda tesorería de su pyme hasta nuevo aviso. Pero sólo diez meses más tarde, el nuevo aviso se presentó con la fuerza de un tornado. Porque es verdad: las cosas no resueltas regresan y claman venganza. El problema principal estaba dentro de su departamento técnico. Ellos fabricaban todas las ofertas que les solicitaban los comerciales, aunque el interesado fuera el propietario de una charca y quisiera pagar la futura vivienda con galeones de oro procedentes del mundo mágico de Harry Potter. Es decir, los recursos necesarios para realizar los proyectos de arquitectura de las viviendas que finalmente vendían estaban demasiado sobredimensionados. La culpa estaba en un error comercial que verás en detalle cuando llegues al capítulo que se refiere al poder de los métodos. Ofertar para un cliente potencial la construcción de una vivienda de 200 metros cuadrados no es lo mismo que obtener el precio por cambiar los cuatro neumáticos del coche familiar. El conocimiento profesional y las horas de trabajo que hay que invertir no son comparables. El exagerado departamento técnico de la pyme de Ramón de Toledo suponía un sobrecoste mensual de 80.000 euros y, para cuando se dio cuenta de sus consecuencias directas e indirectas, la capacidad de financiación estaba agotada y sus energías también. Entonces, tristemente para todos, sucedió lo que tenía que suceder...

Si tú vendes y ganas dinero, las cosas tienen buena pinta. Pero cuando el negocio se pone en marcha, la certeza generalmente está del lado de los egresos, no de los ingresos. El capital inicial de tu negocio tiene que soportar ese período de tiempo que necesitas hasta obtener los primeros pedidos. Serán seis, nueve o doce meses. Mientras tanto, puedes reducir los gastos y contenerlos. Incluso volver a negociar con tus socios para aportar más dinero, aunque es una práctica que invita al desgaste si no estaba previamente acordada. Pero comenzar a rodar sin los fondos suficientes es un problema muy repetido que termina quemando a la mayoría. Y, en muchas ocasiones, se podría haber evitado pensando mejor las cosas.

Antonio y otros muchos Antonios reúnen 15.000 euros cuando saben que van a necesitar por lo menos 55.000. Voy a exagerar un poco para que me entiendas: comienzan intentando fabricar submarinos nucleares cuando deberían ser más humildes y realistas, ofreciendo a sus clientes navales el mantenimiento de la sala de torpedos. O del sistema de desempañado de los periscopios. Porque apenas cuentan con el capital suficiente para ofrecer servicios. Pero piensan en grande y no quieren escuchar hablar de la paciencia que necesitan los pequeños hasta acumular experiencia y beneficios. Y como aún no pueden probar que ya saben ganar dinero, obtener préstamos o créditos no les resultará nada fácil.

Las entidades financieras se resisten a contratar a muchos tontos y nunca dejarán que les debas la cantidad de dinero que tú quieras. En el mundo de las pymes, siempre existirá alguien que se encargará de poner un límite a tus justas o injustas pretensiones de crédito. Ahora bien, si, por ejemplo, ya llevas cinco exitosos años en el mercado y vas aumentando facturación y beneficios, los del banco te calificarán como un cliente atractivo y con potencial para resultarles no moroso y rentable. Si aceptas las condiciones, tendrás capacidad de financiación disponible, algo que te puede permitir consolidar y hacer crecer el negocio. ¿Para qué podrías utilizarla? Por ejemplo, para lanzar nuevos productos o comprar participaciones en un negocio que promete, para constituir una filial comercial en México o abrir dos delegaciones en España, para adquirir equipamiento para aumentar la capacidad de producción o desarrollar una gran plataforma *e-commerce* para vender en toda Iberoamérica. Por supuesto, también puedes esperar pacientemente a tener las ideas claras, porque dicen los canadienses que de la confusión viene la claridad. Pero Mariano y otros muchos Marianos entienden que ha llegado el momento de no seguir pagando 2.500 euros al mes por el alquiler de la nave o de las oficinas y deciden suscribir un préstamo hipotecario a quince años. Es decir, han optado por utilizar fondos propios y gastarse una buena parte de su capacidad financiera disponible en una operación inmobiliaria que su pyme realmente no necesita para seguir compitiendo en el mercado. Cuando le pregunto a los Marianos por qué lo han hecho, la respuesta es siempre la misma: alguien les dijo que alquilar es una forma de tirar el dinero.

Deber dinero no es delito, el delito es no devolverlo

Esto ya lo has leído en el primer capítulo, pero me parece oportuno repetirlo. Alberto y muchos Albertos no duermen si tienen deudas y, por lo tanto, billete que ingresa en la cuenta corriente es billete que sale pitando. Si administrar es disponer de un capital y mantenerlo en el tiempo, ellos no se dan por enterados. Aunque les expliques que en cualquier pyme bien organizada los proveedores se dividen en tres categorías, para ellos son todos iguales ante la ley y aquí se paga inmediatamente. Y si por alguna razón especial hay que pedirle dinero al banco, la devolución debe ser en el menor plazo posible, que soy Alberto y a mí no me gusta deberle nada a nadie. Además, según mi suegro, que siempre compra lotería en agosto, las deudas a mediano o largo plazo son innecesarias. Y lo mismo me dijo una vez mi primo Roberto, que es el dueño de una asesoría.

Muchos Albertos y nuestro propio Alberto no distinguen entre el manejo de una economía doméstica y el de una empresa. Por supuesto que hay puntos en común, pero se trata de contextos distintos. Mantener una familia se complica cuando los chicos crecen y quieren salir de vacaciones. Con los negocios puede ocurrir algo similar, con la diferencia de que trabajamos y competimos para que los ingresos aumenten y superen ampliamente los egresos. Ése es el objetivo de una empresa, no educar o alimentar a sus empleados. A veces mantener una ventaja competitiva implica realizar inversiones o adelantar mejoras ya previstas. Los competidores también juegan y son profesionales: combinan fondos propios y de terceros para no quedarse sin un duro. Si nuestro Alberto, amante esposo y devoto padre de familia, quiere que su pyme siga participando y compitiendo en el mercado, deberá superar la visión negativa que le inculcaron acerca del endeudamiento. El secreto está en hacer un cálculo simple: si los intereses de la financiación son menores que los beneficios esperados, entonces vamos ganando.

El tímido comediante Woody Allen advierte que el dinero no da la felicidad, pero procura una sensación tan parecida que hace falta un especialista para verificar la diferencia. Sergio y unos cuantos Sergios que van con su pyme en la mochila se han quedado atascados en los preliminares, en esos momentos previos que a todos los emprendedores nos conviene superar. Han invertido una cantidad de dinero en algo que finalmente no podrán utilizar y el sentimiento de culpabilidad por malgastarlo no los deja disfrutar de su trabajo. Saben que no es posible recuperarlo nunca jamás y duermen en el jardín para estar más cerca de Cai Shen, el dios chino de la prosperidad. Los economistas denominan a estas pérdidas *costes hundidos* y, si quieres avanzar, tendrás que ignorarlos. Aprender es un deporte de contacto y cuando toca comprar algo que posteriormente no produce ninguna utilidad, lo racional y lo lógico es reconocer la pérdida y seguir mirando hacia delante. En ocasiones, algunos de estos Sergios que compran con cuotas deciden seguir pagando porque han invertido demasiado en el asunto y no quieren abandonar ni reconocer el error. Lloremos juntos y tomados de la mano, pero los *costes hundidos* forman parte del aprendizaje de cualquiera, seas emprendedor o no. La clave pasa de puntillas por otro lugar: eres tú el que no tiene que hundirse psicológicamente por haberlo comprado.

Alicia y unas cuantas Alicias llevan adelante sus pymes con dedicación y esfuerzo. Ingresan más de lo que egresan y por lo tanto ahorran dinero. Dicen algunos economistas que el ahorro es el consumo postergado en el tiempo y, a su vez, el motor que financia la inversión. La fórmula parece muy simple y doméstica, pero para el crecimiento de un negocio es fundamental. Jesús Alonso Gallo advierte que el primer paso es mantener la tensión ahorradora durante toda la vida. El segundo es honrar adecuadamente el ahorro que supimos conseguir a partir de ejecutar buenas estrategias de inversión. Alicia sabe hacer las dos cosas. Cuando las necesidades de invertir son aconsejables para seguir compitiendo, ella consolida la evolución de su negocio combinando fondos propios y capacidad de financiación.

Decía Voltaire que el dinero no lo es todo y que perderlo, según muchos fracasados que ya están de vuelta, no es el fin del mundo.

Está muy bien que pienses en ganar dinero, pero también tienes que detenerte a pensar cómo quieres relacionarte con él.

4

Contigo hasta repartir dividendos: Dios dijo socios, no hermanos

Te lo voy a decir con toda claridad para despejar dudas desde el principio: siempre he sido partidario de emprender con socios de cualquier color, sexo, religión o nacionalidad. Incluso si no les gustan los Beatles, no escuchan los grandes éxitos de ABBA o les caen mal los argentinos. No tengo prejuicios, y mi propia experiencia, o las historias personales que cuentan sus detractores, no me han hecho cambiar de idea. Con los años vamos haciendo una cantidad creciente de sociedades afectivas por medio de la amistad y los estudios, de los amores eternos o pasajeros, de compartir objetivos, afinidades y pasiones incipientes. También a través del lugar de trabajo, por supuesto.

Asociarnos para hacer negocios no resulta nada original

Los humanos estamos acostumbrados a integrarnos y necesitamos apoyarnos para sobrevivir. Además, el hecho de pertenecer siempre tiene sus privilegios. Dijo Aristóteles, peso pesado de la filosofía, que somos seres sociales y políticos a los que les resulta más complicado desarrollarse en soledad. Por eso partimos de la comunidad familiar para saltar a la aldea organizada, es decir, a las calles y bares del barrio, pueblo o ciudad, para rozarnos con quien nos haga falta. Esto no te impide poner en marcha un negocio contigo y un potente ordenador, pero tampoco hacerlo constituyendo una sociedad mercantil con un capital inicial y tres o cuatro personas de tu confianza.

Si para emprender vas a buscarte socios, seguramente ya sabes que quieres lograr un objetivo que tú solo no puedes alcanzar. Y si no lo sabes, es mejor que regreses a la casilla de salida y te pongas a pensar o dejes su posible incorporación para una próxima etapa. Nos asociamos y unimos esfuerzos para hacer algo más grande, más trascendente y también, no hay que negarlo, para asegurar el éxito de un proyecto vital que con el tiempo se llamará empresa. Y esto es maravilloso y emocionante si el sol nos reconoce y el campo huele a primavera, pero lo será especialmente si no hemos metido en nuestra pyme la forma de vida equivocada.

Lloremos juntos si te hace falta, pero a veces compramos el coche incorrecto, nos enamoramos de la persona equivocada y vamos muy juntitos de vacaciones rumbo a la tormenta perfecta. Esto mismo nos puede suceder a la hora de elegir un plan de jubilación o al socio ideal. Y es razonable, porque estamos acostumbrados a decidir diariamente sobre cuestiones pequeñas y poco importantes. Pero algunas no tienen la frecuencia suficiente como para ofrecernos la práctica o la oportunidad de aprender. Tomar la decisión de elegir a los socios operativos más convenientes, de esos que aporten un nivel de esfuerzo similar al tuyo y también cierta cantidad de dinero, no es algo que repitas todos los meses.

Los consultores expertos en facturar honorarios a sus clientes recomiendan una serie de obviedades que ya te podrá anticipar tu abuela a cambio sólo de que vayas un par de domingos a visitarla. Pero a ti lo que te interesa es contar con cierto grado de certeza antes de comenzar la batalla. Descubrir que uno de tus socios, ante una situación o contexto determinado, no tiene las capacidades que habías pensado o simplemente parece ser un extraterrestre es un verdadero obstáculo para crecer. Si Elon Musk, en lugar de gastarse un pastón en comprar Twitter, ya hubiera inventado una máquina para viajar en el tiempo, tendríamos la posibilidad de avanzar un par de años hacia el futuro y descubrir las tres únicas razones por las cuales, finalmente, tú y yo y todos los mortales hemos terminado eligiendo a un socio operativo para salir al mercado a dar pelea.

Existen tres razones para emprender con un socio y ni los franceses tienen una cuarta

No están totalmente relacionadas con la edad, pero es evidente que, además de la experiencia personal, hay otros aspectos condicionantes que influyen. Por ejemplo, el contexto económico y social, la cultura y los valores adquiridos, la cajita de creencias bien arraigadas y el carácter de cada uno.

La primera razón es porque no has sido capaz de decir que no

Te convences o te autoengañas con una realidad a tu medida, te adaptas al momento y entonces decides creer. El problema es que *creer*, en el mundo de la empresa, es un verbo irresponsable, no apto para hacer buenos negocios. Las excusas más comunes generalmente son: «Es mi pareja, me quiere y desea lo mejor para mí», «Es mi mejor amigo, fuimos compañeros de estudios y nos conocemos mucho, tiene ganas de participar», «Prefiero no herir sus sentimientos ni rechazar a nadie... más adelante ya veremos cómo solucionarlo, seguramente vamos a encontrar la manera de trabajar juntos, sus ideas son buenas y en alguien necesito confiar y tal y tal». Dos años después, ahí sigues y la cosa no funciona.

No saber decir que no cuando hace falta y poner en marcha un negocio con un problema oculto de ese calibre lamentablemente suele estar presente en el 40 por ciento de los casos. No hay una solución fácil ya que hay bastantes sentimientos involucrados.

La segunda razón es porque sentías vértigo en el momento culminante

Es decir, tienes esa sensación subjetiva de perder el equilibrio y caer en el lugar menos indicado. Y, para no agobiarte ni bloquearte, le pides a un socio bueno que te tome de la mano y te acompañe hacia la victoria. Los argumentos más utilizados son: «No me sentía totalmente preparado para afrontar semejante reto sin alguien a mi lado», «Pensaba que una buena persona me aportaría seguridad y tranquilidad», «Emprender juntos siempre es más fácil». Dos años después te das cuenta de que estabas equivocado. Tu socio realmente no es un emprendedor, apenas se compromete y actúa como si se tratara de un trabajador por cuenta ajena. Quiere disfrutar de un tratamiento distinto por el hecho de ser tu socio. Estás teniendo problemas con tus empleados, estás cansado de la situación y la empresa así no funciona.

Poner en marcha un negocio con el socio equivocado o con un emprendedor por cuenta ajena le ocurre al 40 por ciento de las pymes. Es un error producido por la inexperiencia, pero puede tener solución porque ambas partes se sienten incómodas y no hay tantos sentimientos involucrados.

La tercera razón es porque realmente hay sinergias entre vosotros

Esto implica una reflexión conjunta. Hay que considerar la posibilidad de asociarse con la misma libertad o presión que tienen dos desconocidos al sentarse juntos en la misma fila del vuelo de Iberia IB-6585 con destino a Bogotá. La técnica feliz es hacer un inventario de las capacidades y fortalezas que cada uno está dispuesto a aportar, para presuponer si habrá esfuerzo y sinergia entre las partes, una palabra que significa básicamente colaboración y cooperación. Cuando esto ocurre, los escuchamos decir: «Trabajamos a gusto y hacemos equipo. Siempre empujamos al mismo tiempo, compartimos objetivos y nos complementamos estupendamente. Mi socio me apoya y sus puntos de vista son importantes para mí. Ambos luchamos a la par, estamos alineados y el negocio avanza en la dirección correcta».

Ésta es la situación deseada por todos al poner en marcha un negocio, pero tienes que saber que solamente se da en el 20 por ciento de las ocasiones. Las prisas, la impaciencia y la falta de consideración previa a la trascendencia del desafío por venir son tres de los motivos por los cuales encontrar sinergia no es tan habitual como debería serlo. A menos que previamente hayan sido compañeros de trabajo en la misma empresa, los socios potenciales no tienen el tiempo suficiente para conocerse y menos aún para convivir o compartir experiencias. Y eso es un serio problema para llegar a los mil días.

Veamos qué nos sugieren las leyes al respecto.

Los antiguos romanos, además de alimentar leones, construir acueductos maravillosos y coliseos tan espectaculares como el de Roma o el de El Djem, en Túnez, en su ordenamiento jurídico ya utilizaban la expresión *affectio societatis*. Se trata del espíritu de fraternidad que debe reinar entre los socios, junto a su voluntad de formar una sociedad con vocación de permanencia y la intención real de cooperar entre todos. El Código Civil de la mayoría de los países occidentales mantiene vivo el concepto del antiguo derecho romano sobre la necesidad de la *affectio societatis* para constituir una sociedad mercantil. Dicho de otra forma: el punto de partida es que exista *feeling* entre los futuros asociados, sin importar la cantidad de participaciones sociales que cada uno tenga previsto guardarse en el bolsillo.

Como dicen los chinos, después de mil días de actividad veremos si entre los socios siguen ocurriendo cosas interesantes, algunas previsibles y otras no tanto.

Las personas se desgastan y los negocios se derrumban

He visto pymes con reglamentos de colaboración inoperantes y estúpidos, producto de la cobardía, la falta de comunicación y el enfado. A socios que especulan siempre con el esfuerzo de los demás y a otros que crean ambientes laborales tóxicos porque sólo saben mandar y controlar. He visto a emprendedores por cuenta ajena que trabajan menos que un funcionario y socios neofóbicos que obligan a pisar continuamente el freno porque no pueden soportar los cambios. Los hay que llegaron muy justitos y su falta de interés por aprender es una molestia recurrente. Pero también he visto a muchos socios construir el negocio juntos y progresar en armonía, permitiendo que cada uno haga su parte sin competir por el poder. Justamente lo contrario, valoran la capacidad de liderazgo y gestión que ostenta uno de ellos y la respetan por el bien de todos.

Si el negocio funciona y los clientes empujan, la pyme crece y se profesionaliza, aunque tú quieras que siga siendo lo suficientemente pequeña como para que tus empleados compartan una pizza grande contigo. En esas situaciones, muchas veces un segundo socio emerge en busca del liderazgo y se produce un fenómeno particular, conocido como «doble estructura libidinal». Esto me lo explicó mi buen amigo y psicólogo Máximo Giordano hace unos cuantos años, cuando me tocó intervenir en una exitosa pyme que, sorpresivamente, comenzó a desangrarse a velocidad de crucero.

La libido no es únicamente el deseo sexual como popularmente se piensa. Es, además, nuestro impulso vital de crecimiento y desarrollo, nuestras propias ganas de vivir, de enaltecer personas, objetos, ideales, etcétera. En ese proceso, los humanos establecemos una estructura piramidal imaginaria, en donde podemos idealizar a esos personajes que nos marcan ciertas pautas de conducta que seguir.

Pero a veces ocurre que algunas pulsiones destructivas entran en escena (celos, envidias, prejuicios, etcétera) desequilibrando nuestra libido y dando lugar a conflictos corrosivos. Y esto, por supuesto, también incluye el ámbito laboral.

En aquella exitosa pyme había unas cincuenta personas y el crecimiento potenció la formación de una nueva unidad de negocio con suficientes recursos y edificio propio, dirigida por el impetuoso socio emergente. Gracias a su ambición y torpeza, en menos de seis meses la organización estaba dividida y enfrentada en dos grupos que ya no compartían objetivos, jefes ni edificios. Utilizando su poder y agitando sus dudosas aspiraciones de ser el número uno, dividió la exitosa pyme en dos estructuras libidinales enfrentadas, que comenzaron a consumir una cantidad ingente de energía en una disputa innecesaria.

Esto también lo he visto en pymes familiares cuando, por ejemplo, uno de los hermanos no termina de aceptar un rol en concreto y, además de evidenciarlo día tras día, compite abiertamente para diferenciar sus espacios, creando sin saberlo una segunda estructura libidinal. Esto obliga a los empleados a entrar en un juego de posiciones internas que pone en riesgo a más de uno. ¿A quién hay que hacerle caso?

Identificar este problema y resolverlo no es tan sencillo: hace falta la ayuda externa de un profesional tan experimentado como mi amigo Máximo Giordano.

La paridad injustificada es otra fuente de conflictos

Ninguna ley establece que es mejor que cuatro socios compartan el negocio al 25 por ciento cada uno y tampoco que dos lo hagan al 50 por ciento, pero sigue siendo una costumbre muy habitual. La falta de atrevimiento para no tratar detenidamente el tema de los porcentajes por temor a generar desequilibrios es, paradójicamente, la principal fuente de paralizaciones y desequilibrios. Es un error común pensar que tú y yo seremos buenos socios y nos repartiremos amigablemente el poder y la gloria si ambos obtenemos la misma cantidad de participaciones sociales. Con ese falso propósito, aportamos el mismo dinero y pensamos que ya tenemos el conjuro garantizado. Pero a la hora de poner en marcha una sociedad, la paridad porcentual no tiene por qué ser una representación genuina de los valores individuales de sus integrantes.

Salvo excepciones, habitualmente los socios operativos aportan a una sociedad tres elementos bien definidos: dinero en metálico o medios que permitan ser valorados económicamente sin lugar a dudas, que por supuesto deben tener una utilidad práctica; capacidad de trabajo para asumir un protagonismo en concreto, liderar la incipiente organización o cumplir una función específica; y, por último, la experiencia contrastada para ofrecer una visión estratégica y fijar patrones de conducta o conocimiento de mercado, o anticipar las claves para asegurar la buena gestión y el crecimiento rentable.

¿Se pueden valorar paritariamente estos tres elementos?

Las sociedades que funcionan y avanzan saben que no, o lo han aprendido por el camino. En mi caso particular, soy el socio palanca de un puñado de pymes. He aportado dinero y experiencia práctica, pero no lidero el proyecto ni asumo un excesivo protagonismo. Puedo cumplir funciones específicas cuando las circunstancias lo exigen, pero mi trabajo es mejorar las capacidades del líder, ayudarle a profesionalizar la gestión, anticipar situaciones y enseñarle a reflexionar sobre la estrategia empresarial o comercial. En todas estas pymes sus socios no tienen necesariamente la misma cantidad de participaciones sociales y tampoco reciben la misma paga por su trabajo. No conducen el mismo coche de *renting* y no hay desequilibrios que se puedan cargar el negocio.

Si nos adentramos en el mundo de las *start-ups*, es decir, de esas jóvenes empresas que a partir de las nuevas tecnologías deben construir negocios escalables y con tasas de crecimiento significativas, hay muchos socios inversores disponibles que ya vendieron su Ferrari y no saben dónde colocar el dinero. Pero cuando se trata de una pyme convencional, de esas tantas que, por ejemplo, fabrican puertas o ventanas, hacen montajes industriales o mantenimiento mecánico, venden componentes electrónicos, reforman pisos, deforman chapa o te ofrecen sus servicios de marketing digital, la cosa cambia. Sus tasas de crecimiento son normalitas y los socios que están dispuestos a aportar dinero forman una categoría distinta. Seguramente son amigos, familiares, parejas o gente con la cual ya existía una relación previa. No son inversores profesionales, quienes ya saben las consecuencias del riesgo que están dispuestos a soportar y seleccionan sus apuestas entre varias alternativas. Tampoco tienen intenciones de ser socios operativos, son simplemente inversores de proximidad, conocidos últimamente como FFF, por las iniciales en inglés de las palabras *Friends, Family and Fools*.

El inversor de proximidad es tu socio y apostó por ti desde el principio

Pueden ser amigos o familiares, pero te aseguro que no son tontos. Con su dinero han contribuido a que puedas poner una empresa en marcha. No hay un contacto diario o semanal, pero también participan y tú necesitas que se sientan integrados. Ésa es una de las claves. Si hay problemas de tesorería, pueden prestar dinero a la sociedad e incluso son favorables a participar en las ampliaciones de capital que tú les puedas proponer. Seguirán apostando por el negocio si, a pesar de los errores, mantienes el liderazgo y les ofreces información periódica y bien ordenada, especialmente la comercial y financiera, aunque no siempre sea positiva. Entre otras cosas, liderar es comunicar. Quieren verte al frente sin distracciones, cambios inexplicables o proyectos alternativos. Y, por supuesto, en algún momento la empresa debe ganar dinero y ellos también.

El triángulo equilátero no existe

Dicen que la mala práctica no invalida la sana teoría y generalmente estoy de acuerdo, aunque en las sociedades integradas por tres personas, la experiencia me sugiere que es mejor evitarlas en la medida de lo posible. Sucede que, como en cualquier negocio, las decisiones no tienen por qué ser unánimes. Pero aquí se trata solamente de tres y, por lo tanto, cuando las posiciones personales no varían a pesar de las circunstancias, se confunden muchas veces los sentimientos con la lealtad individual. La toma de decisiones bajo la alianza 2 + 1 comienza a ser habitual y el proceso deja de ser razonable o amigable. Poco a poco se van construyendo afinidades asimétricas y entran en juego los roles de víctima y victimarios, lo que supone tener un socio cuyos planteamientos siempre pierden, mientras que los otros dos siempre ganan.

Este tipo de conflicto consume mucha energía y eso cuesta dinero. Los triángulos entre humanos nunca son equiláteros. Algunos piensan que la solución es muy simple: tomar las decisiones en función de las participaciones sociales que tiene cada uno. Es decir, si tienes un 20 por ciento, te das por vencido y listo, a otra cosa. O coges ánimo y conspiras astutamente para dejar la zona minoritaria de la alianza y formar una nueva mayoría. Ahora lloremos juntos o separados si te hace falta, pero te aseguro que con esos mecanismos no llegaréis muy lejos. Mejor no perder energías y buscar un cuarto socio, sin dudarlo.

No obstante, hay sociedades que recurren a un tercer socio con un objetivo muy distinto: otorgarle el poder de impedir paralizaciones y obstáculos. Esto lo hacen incorporando un profesional o amigo de confianza, que detenta un máximo del 0,5 por ciento del capital social y que está conforme con su papel dentro de la sociedad. En el supuesto de una falta de acuerdo entre las dos partes mayoritarias, que puede terminar en bloqueo, su trabajo consiste en escuchar, analizar, valorar y desempatar la cuestión.

El cuarto elemento: la prestación accesoria

Te decía que los socios operativos aportan habitualmente a la sociedad tres elementos: dinero o medios, capacidad de trabajo y experiencia. Ahora bien, la Ley de Sociedades de Responsabilidad Limitada (2/1995) de España permite una condición especial para que puedan aportar un elemento más. Se trata de un instrumento jurídico llamado *prestación accesoria*, que consiste en una obligación individual para todos o alguno de los socios. Por ejemplo, asegurarle a la nueva sociedad la distribución de un producto en exclusiva, o de no competir en la misma zona, o en hacer algo determinado en beneficio del negocio. Veámoslo con un buen ejemplo.

Pocos años atrás, un grupo de personas constituimos una sociedad limitada en España para fabricar productos eléctricos en un país árabe a través de una segunda sociedad que actuara como la filial local de la primera. El capital social era relativamente importante, pero el verdadero desafío era asegurar la dirección del negocio *in situ* y la formación profesional de los empleados que se contratarían allí. Por esa razón, dos de los socios que aportaron capital accedieron a que sus participaciones sociales llevaran aparejada una prestación accesoria, consistente en desarrollar sus funciones principalmente en el país árabe, con un mínimo de días establecidos por año calendario. La posibilidad de establecer prestaciones accesorias no es muy conocida ni se ha popularizado, aunque están muy bien reguladas y tienen varios aspectos que considerar: causas de exclusión, duración, transmisión de participaciones, etcétera. Si te parecen una opción interesante, siempre es bienvenido el consejo de un abogado mercantil para definir y personalizar su alcance.

Ya sabes, si tus superpoderes no son suficientes y necesitas tirar de ayuda, adelante sin temores, que socios son amores. Pero ten en cuenta seis cuestiones importantes que los años han dejado sobre mi mesa:

- No vemos las cosas como son, las vemos como somos.
- Una parte de los recursos con los que cuentas son las otras personas que trabajan contigo. No aprenden por obligación, realmente lo hacen porque lo desean.
- Para mantener con vida una sociedad, tienes que integrar en una visión compartida las visiones individuales de tus socios.
- No te quejes, nadie recibe toda la ayuda que necesita.
- El silencio siempre ayuda a evitar enfrentamientos inmediatos, pero no aporta soluciones.
- Si un conflicto permanece oculto, todos perdemos tiempo y energía discutiendo asuntos menores.

Me olvidaba de algo fundamental que te conviene saber: si te gusta ejercer el poder, el precio es la responsabilidad.

5

Tu negocio o el mío: despierta o sigue trabajando para lograr el sueño de otros

La dinastía Ming gobernó la China antigua durante 276 años, concretamente entre 1368 y 1644. Pomposamente llamada *Gran Ming*, sus dieciséis emperadores lograron que la nación fuera la más desarrollada y poderosa de su época. Comenzaron por desalojar del poder a los mongoles, unos parientes extranjeros muy rudimentarios, para dotar al imperio de un sistema avanzado de administración y de una red de caminos militarizados que al principio ayudaron a vender productos agrícolas en las ciudades. El comercio evolucionó rápidamente al privatizar las industrias de la sal, el té y la cerámica, e instaurar el trabajo asalariado. Entre otras cosas, crearon una nueva cultura de consumo y una impresionante flota marítima que permitió a sus valientes expedicionarios cruzar los mares para vender su género.

De ellos viene una frase centenaria que actúa como frontera temporal e invita a la serenidad y a la perseverancia: «mil días para un negocio».

Mil días o tres años y un poco de paciencia, por favor, que pronto ganarás dinero. O todo lo contrario. Ése es el tiempo suficiente para saber si lo hemos conseguido o si estamos mal, pero vamos bien. Por supuesto que pueden existir señales prematuras y ciertas tendencias para anticipar si realmente tienes un negocio entre manos. Pero también las hay para analizar la situación y decidir ponerle punto final a un emprendimiento que preanuncia un horizonte sin rentabilidad. Es decir, el consejo de aquellos comerciantes chinos de la Antigüedad es considerar los primeros mil días como el punto culminante de un nuevo negocio, en lugar de empujar y obstinarse en seguir adelante como lo haría un maño cabezota.

Su vigencia ha llegado hasta el mismísimo Silicon Valley, ese trozo de tierra californiana donde se inventaron los chips y los ordenadores, y todos tienen un garaje reservado para la historia. Ellos sostienen que el mercado sabe lo que necesita y, si tú no lo tienes claro, en lugar de pasar años gastando dinero, debes estar dispuesto a cambiar el rumbo y abandonar productos o negocios cuando no resulten rentables.

Esto no significa que debes ganar dinero antes de los primeros tres años o, de lo contrario, tirar todo alocadamente por la borda. El análisis no es tan sencillo y no se trata de un asunto de blanco o negro.

Dicen que fueron los mercaderes árabes quienes arrojaron luz sobre el asunto. Estos astutos señores crearon el sistema de contabilidad de partida doble, puesto más tarde de moda en Occidente por los comerciantes italianos de las antiguas y poderosas ciudades de Génova, Venecia y Florencia. De ahí vienen los conceptos contables denominados activo, pasivo y patrimonio neto, que utilizamos hoy en día en el plan general de contabilidad de la mayoría de los países del mundo. Si vas a emprender con la intención de ganar dinero, la clave estará en la evolución del patrimonio neto de tu negocio.

Una definición simple designa el patrimonio como el conjunto de los bienes propios de una persona susceptible de estimación económica, es decir, cuantificable en dinero. Tú y yo somos personas físicas y, si constituimos una sociedad limitada, ésta será una persona jurídica. ¿Cambia entonces la definición de patrimonio? No, sigue siendo la misma, con el matiz de la palabra *neto*, que implica la cantidad limpia y precisa, obtenida después de aplicar impuestos. No protestes, que Hacienda somos todos...

¿Constituimos tú y yo una sociedad limitada?

Esto de limitar la responsabilidad de los socios al capital aportado fue una revolucionaria innovación puesta en marcha en 1844 por suecos, británicos, estadounidenses y alemanes para impulsar el crecimiento de sus economías. Antes de esta original idea, sólo los habituales de siempre disponían de mucho dinero y se podían permitir el lujo de correr riesgos empresariales.

Vamos a jugar a que ambos invertimos 10.000 euros y, por lo tanto, el capital social de nuestra pyme, en el momento de su constitución, es de 20.000 euros. Ése es el punto de partida del balance. Durante el primer año, las ventas no resultaron según lo planeado, pero gastamos lo justo y nos defendimos bastante bien, perdiendo solamente 5.000 euros. Aplicando el concepto del patrimonio neto, que no es otra cosa que la diferencia efectiva entre el activo y el pasivo, contablemente nos quedan 15.000 euros. Si en los dos años siguientes seguimos perdiendo, por ejemplo, 3.000 y 2.000 euros, respectivamente, nuestro patrimonio neto se verá reducido a 10.000 euros. Es decir, simplificando mucho el ejemplo, restamos o sumamos pérdidas y beneficios a nuestro capital social inicial.

¿Seguimos adelante?

Esto habrá que analizarlo detenidamente. Estamos llegando a los mil días y, al parecer, hemos perdido 10.000 euros y no tenemos un negocio entre manos, o simplemente todavía no sabemos hacer negocios en ese mercado. Te guste o no, ésa será la discreta impresión de una entidad financiera o la de un proveedor de primera línea. Puede ocurrir que, como sólo nosotros conocemos las características particulares de nuestro sector de actividad, ya tengamos claro que estamos mal, pero vamos bien. Decidimos avanzar y en el cuarto año logramos unos 5.000 euros de beneficios, lo que nos deja un patrimonio neto de 15.000 euros. Y después, en el quinto, ganamos 11.000 euros porque las ventas han subido como flatulencia de buzo: teníamos razón y el patrimonio neto trepa hasta los 26.000 euros. Han pasado cinco ejercicios contables y estamos demostrando a propios y a extraños que hemos aprendido y tenemos un negocio que realmente funciona.

Técnicamente, hemos aprendido a competir

Por el momento, somos competitivos, aunque aún no podemos relajarnos con un Vesper Martini, el cóctel preferido de James Bond, porque estamos en plena era de la hipercompetencia, que no quiere decir otra cosa que debemos enfrentarnos a una cantidad extraordinaria de competidores que pelean por tu porción del pastel, algo a lo que ya estamos bastante acostumbrados. El verdadero efecto de la saturación de jugadores está más abajo: las diferenciaciones entre unos y otros se laminan y desaparecen muy rápidamente. Construir ventajas competitivas cuesta dinero y ahora duran muy poco tiempo. Los expertos en facturar honorarios a sus clientes aseguran que la única solución es la innovación permanente, algo que por supuesto no está al alcance de cualquier pyme.

Los políticos y los consultores de negocio, esos que nunca tuvieron un negocio entre manos, insisten tanto en la innovación que parece tratarse de una maratón permanente en la cual todos podemos participar con la garantía de transpirar felicidad de la buena. Pero eso no es tan sencillo si tu pyme tiene el tamaño de un pingüino azul de Nueva Zelanda. Para empezar, se puede decir que la innovación es un proceso, más o menos ordenado, en el que se implementa algo nuevo que suma valor económico. Puedes modificar un producto, rediseñarlo, mejorarlo, crearlo, transformarlo o cambiarlo. También puedes hacerlo con un servicio, una forma de comercializar, un método. Pero, atención, si no hay una explotación comercial, si no sales a venderlo, o si no hay nadie dispuesto a comprarlo, no se trata realmente de una innovación: será una estupenda idea, un invento sin valor, un fracaso inesperado o un error de apreciación.

La explotación comercial es la verdadera confirmación de que se trata realmente de una innovación

Y responde a una lógica impecable que pretende complementar el famoso I+D+i que por tanto tiempo ha representado a la actividad empresarial. La investigación (I) es la capacidad de generar conocimiento, el desarrollo (D) es su aplicación concreta y, por último, la innovación, representada por la (i) minúscula, es la explotación comercial de los dos pasos precedentes. Porque de lo contrario sólo hemos gastado dinero y hemos pasado un buen rato juntos, pero de ingresos en metálico, nada de nada.

Tú, con tu pyme del tamaño de un pingüino azul de Nueva Zelanda, no puedes crear el *walkman* de Sony, ni tampoco el IPhone de Apple. Pero hay muchas otras cosas en las cuales las pymes innovan todos los días del año, aportando un porcentaje grande del PIB de los países organizados. Puedes venderle pan precocinado a los bares y gasolineras de tu ciudad, facilitándoles un horno muy sencillo para terminar de hornearlo con delicioso aroma a hidrocarburos mezclados. O repartir durante la semana pan artesano de verdad con tu Volkswagen Caddy por los más de cien caseríos de la zona, además de llevarles el periódico, la leche, mermeladas de tomate y huevos de granja.

También puedes comprar impresoras y fotocopiadoras con poco uso a buen precio, reacondicionarlas y ofrecer un servicio de alquiler con el mantenimiento incluido. O diseñar un aseo público automático, cuyo interior no resulte agobiante y lo puedas exportar gracias a un sistema de construcción modular para que tu *partner* local lo configure *in situ*. Tienes la opción de ser un fabricante más de palés de madera o pegar un salto y diseñar un patín especial para que un palé de cartón totalmente reciclado ofrezca la misma capacidad de carga. Y si te gustan las nuevas tecnologías y no apagas el televisor tirando del cable como hago yo, puedes entretenerte diseñando una plataforma para ofrecerle a los pequeños restaurantes una forma de digitalizar su carta física tradicional, ganando operatividad y aportando más información a sus clientes. Si nada de esto llena tu corazón de felicidad, tienes la oportunidad de comprarte una Ford Transit, adaptarla y cambiar neumáticos a domicilio, o utilizarla para llevar tu equipo y realizar pintura artística en colegios y ayuntamientos.

¿Quieres fabricar tornillos de rosca métrica a buen precio? Necesitarás producir cantidades importantes para tener un coste competitivo de cara a ferreterías y empresas de suministros industriales. Ahora bien, si tu estrategia es servir a los fabricantes de maquinaria agrícola, tendrás que ofrecer unas prestaciones superiores y poder diseñar fijaciones especiales a partir de unas especificaciones concretas. Pero si tienes claro que el futuro está en fabricar fijaciones para la industria de las energías renovables, además de las prestaciones superiores, tendrás que ensayar y certificar tus productos para unos esfuerzos de flexión y tracción muy elevados, y prepararte para llevar cuatro docenas de supertornillos un viernes por la mañana al pie de un monte navarro.

Costes, prestaciones, servicio

¿Por dónde quieres tirar? La batalla de los costes habitualmente es complicada y poco rentable. Si vas a competir por precio, siempre tendrás clientes con unos niveles bajos de satisfacción porque tus beneficios no te permitirán hacerlo mejor.

Las prestaciones requieren que vayas a dar pelea directamente al segmento de mercado adecuado. Esto es muy importante, de lo contrario te machacarán a gusto y perderás tiempo y dinero. Segmentar es la materia prima de una estrategia, aunque muchos negacionistas afirmen que es un esfuerzo sin sentido y que lo mejor es intentar venderles a todos. Otros, en cambio, convencidos de que la esperanza es una buena estrategia, aseguran que en su mercado se vende exclusivamente por precio. Pero aunque no sepan identificarlos, los segmentos existen. Y para cuando se dan cuenta de que están equivocados, la situación es casi ingobernable.

El servicio generalmente es un monólogo en el que, caiga quien caiga, tú estableces unilateralmente las condiciones sin permitir una negociación entre las partes. Pero cuidado: estamos entrando en la era del diálogo y la hospitalidad, que significa *recibir como invitado*. Para los que saben aprovecharlo, esto significa asistencia, atención personalizada, familiaridad, empatía y afectividad. Ante un malentendido o un problema, la desgastada promesa de «ya nos pondremos en contacto con vosotros», mientras esperan el comodín de la llamada, es una manera fabulosa de perder clientes y dinero.

Y justamente dialogando llegamos a eso que ahora llaman solución. Te lo voy a explicar utilizando un mismo elemento propulsado habitualmente por un dinosaurio líquido. Un automóvil es un producto que satisface las necesidades modernas de desplazamiento. Vas y vienes cuando quieres y a la hora que tú decides. Solo, con amigas y amigos o en familia. El taxista que viene a buscarte a casa para llevarte al aeropuerto también utiliza un automóvil, pero en este caso para prestarte un servicio. Puede ayudarte con la maleta o abrirte el maletero sin moverse de su asiento. Ahora bien, cuando mi madre deja Buenos Aires para pasar un par de meses conmigo en Bilbao, siempre llama a Iker. Mientras yo estoy en Madrid o trabajando en la oficina, este joven emprendedor va con ella a todas partes. Entra con mi madre al supermercado y luego descarga la compra en casa, la lleva al mercadillo de Algorta y luego a visitar a sus amigas o al Guggenheim, a ver el mar y al puente colgante de Bizkaia, esos hierros remachados que unen Getxo con Portugalete. Mi madre le contacta el día anterior y ambos se organizan. Iker presta un servicio dialogado y personalizado. Si alguien está dispuesto a pagarlo, entonces puedes llamarlo solución.

Finalmente, tires por donde tires, el éxito es vender

Y para vender, además de estrategia, y posicionamiento, y canales de acceso, y varias cosas más, necesitas un vendedor, de esos que saben comunicar, no le tienen miedo al móvil, utilizan un ordenador y llevan su permiso de conducir junto al DNI. Tú puedes haber venido al mundo dotado de las habilidades necesarias para ser un gran ingeniero de caminos, un diseñador de interiores de submarinos, un médico especialista en dermatología o un organizador de bodas experto en alimentación vegana. Todo eso es magnífico y tu madre estará muy orgullosa, pero si no quieres vender porque no forma parte de tus intereses vocacionales, te avergüenza hacerlo o íntimamente lo desprecias, llama mañana a Houston porque tienes un problema.

Lo aceptemos o no, todos tenemos algo que vender. Pero si no estás de acuerdo con mi afirmación, puedes buscar a una de esas extrañas criaturas versadas en el arte de persuadir, que realmente disfrutan haciéndolo y no sufren el miedo escénico, y tampoco el rechazo. Y la verdad es que no hay muchos, aunque al principio te parezca lo contrario. Van bien o mal vestidos, con tatuajes, corbata, pendientes o melena. Algunos rechazan los aviones y otros se marean si van leyendo en el coche. Son hombres y mujeres que saben vender. Simplemente son más sociales y extrovertidos, y eso les permite convencer a los demás para que firmen en la liniecita de puntos.

Los introvertidos también pueden vender, pero lo tienen más complicado.

Todavía se sigue discutiendo quién asesinó al presidente Kennedy en 1963 y si el vendedor nace o se hace. Los gurús de última generación insisten en que las cosas han cambiado tanto que, actualmente, con la formación adecuada, que ellos mismos te proporcionan, tú serás un gran vendedor. Porque, continúan insistiendo, el canal digital ha despersonalizado tanto la acción comercial que ahora vender es virtual, sencillo y está al alcance de cualquiera. Lloremos juntos si te hace falta, pero eso no es verdad. Por supuesto que la formación es siempre bienvenida para profesionalizar tu trabajo, pero tanto como una base emocional favorable y la experiencia suficiente para confirmarla. Le ocurre lo mismo a un vendedor que a un ingeniero electricista, un cirujano o un piloto de Fórmula 1: con el ejercicio de la profesión, se potencian sus habilidades, se desarrollan sus capacidades y se capitalizan las experiencias. Si le tienes pánico a la velocidad y superar los 120 km/h en la autopista te da vértigo, si tu ritmo cardíaco se dispara al ver un charco de sangre o si sientes que persuadir es una sucia forma de manipular a los demás, puede que lo tuyo sean las artes gráficas o la carpintería.

Vender es una profesión no colegiada que ha tenido un progreso estable y unos pocos avances importantes. Antes, los vendedores conseguían clientes y los visitaban mensualmente para cobrar las operaciones a plazos o las facturas impagadas. Cobrar se consideraba una función propia del vendedor y, por lo tanto, estaban tan ocupados que no tenían tiempo suficiente para visitar a potenciales clientes y aumentar la cuota de mercado. Hasta que algún iluminado tuvo la ocurrencia y el sentido común de separar las dos funciones, y categorizar una primera línea de productores puros y una segunda de vendedores recolectores que ejecutasen las tareas de soporte y asumiesen la responsabilidad de cobrar. A esto lo han llamado inicialmente modelo de Hunter-Farmer, o de cazadores y granjeros, y, posteriormente, vendedores o técnicos sedentarios, *back office*, etcétera.

Otro avance importante fue cuando la psicología comenzó a considerarse como una ciencia capaz de contribuir a la formación en técnicas de ventas y destrezas. Los candidatos interesados podían aprender y complementar sus habilidades innatas, si las tenían, con el desarrollo de otras capacidades comerciales. Y, en los últimos años, un poco antes de la presentación en sociedad del canal digital, el gran avance se produjo al distinguir las diferencias entre vender productos básicos y otros más complejos y sofisticados, creando para ello una metodología particular que distingue tres procesos comerciales.

El desafío está en conocer a partir de qué cifra o sector de actividad se activan las diferencias. Todo suma, y no siempre todo vale, cuando el éxito es vender. En el siguiente capítulo te cuento más sobre este tema.

6

El éxito es vender: es un buen momento para irse acostumbrando

Qué naturaleza extraña la de los clientes. Mientras tú insistes en diferenciarte de tus competidores, ellos comienzan fijándose primero en las similitudes obvias que os identifican. Porque si no las encuentran, surgen las dudas. Pero, curiosamente, si te han situado en el mismo segmento de mercado, no creen que seas tan diferente. Los países con una cultura comercial muy potente han desarrollado una cantidad suficiente de vendedores por metro cuadrado y saben que construir marcas, crear buenos productos y mejorar los servicios con el propósito de diferenciarte son poco más que la cuota de ingreso para competir por la fidelidad de sus potenciales clientes. Los vendedores ejercen un papel principal en este asunto de proponer diferencias y generar confianza. Aceptan que la fidelidad no se gana con los mensajes publicitarios o mediante sistemas automatizados de respuestas simples. Se pelea dando batalla sobre el terreno y en las trincheras. Se obtiene a cambio de conversar y brindar tranquilidad de la buena, atendiendo o visitando a los clientes cada semana o cuando haga falta.

Obviamente, hay vendedores y vendedores. Algunos malgastan el tiempo de los compradores explicando cuestiones que no interesan a nadie o incluso frenando la venta con consultas y autorizaciones internas sin sentido. Otros, en cambio, ofrecen información interesante y valiosa, actúan sin complejos y brindan perspectivas únicas en lugar de falsos consejos. Además, ponen en práctica dos aspectos fundamentales: enseñan algo nuevo y eliminan las complicaciones. Muchos clientes quieren aprender y saber más. Necesitan asesoramiento, poder calibrar distintas alternativas, evitar las trampas ocultas y disponer de un proceso fácil para comprar. Pero, además, quieren vendedores que se comprometan seriamente con todo aquello que viene después: garantía, piezas de repuesto, soporte técnico, asistencia y mantenimiento.

Los buenos vendedores trabajan fidelizando clientes

Vender no es tan sencillo como muchos creen. Después de cuarenta años trabajando en pymes y multinacionales, he visto de todo. También he vendido de todo y he dirigido equipos comerciales para que puedan obtener buenos resultados en distintos países y sectores de actividad. Mientras que con el entrenamiento unos vendían con relativa facilidad, otros no podían superar la puerta de entrada. Siempre habrá ganadores y perdedores, pero una cosa es disculparte por no entregar alguno de los justificantes del mes y otra muy distinta es hacerlo por haber vendido dos duros.

Mi experiencia comercial me permite estar de acuerdo con el estupendo análisis factorial que hicieron Matthew Dixon y Brent Adamson, identificando cinco perfiles de vendedores profesionales. Se trata de una sofisticada investigación estadística que terminó arrojando unos resultados opuestos a los que ellos suponían, porque investigar no es lo mismo que salir a patear la calle. Muchos aseguran que la venta se basa exclusivamente en las relaciones y, lloremos juntos si te hace falta, pero eso no es verdad. Por supuesto que son importantes, pero la relación con un cliente es el resultado de ayudarle a pensar de otra manera, de aportarle nuevas ideas y de enseñarle cosas que desconoce. Es decir, de hacer buenos negocios juntos.

He trabajado con los cinco perfiles de vendedores profesionales de Dixon y Adamson, y todos encajamos claramente en uno de ellos. Ten en cuenta que, a la hora de contratar a un vendedor, la elección acertada debe estar ligada a la complejidad del producto o servicio que vas a comercializar, del escenario y del nivel técnico del comprador.

1. **El vendedor trabajador:** es incansable, hace muchas llamadas y visita a sus clientes más que nadie. Habitualmente positivo y dispuesto a realizar un esfuerzo adicional. Le gusta trabajar, no discute ni desafía los procesos comerciales de la organización y cada tanto solicita la opinión jerárquica para mejorar su actuación. El vendedor trabajador está convencido de que si hace las suficientes llamadas, envía los suficientes correos electrónicos y visita sin descanso a sus clientes, tendrá bastantes presupuestos en cartera y, en consecuencia, podrá ingresar muchos pedidos.
2. **El vendedor amigable:** para él su cliente siempre tiene la razón y considera que para hacer negocios no cabe otra posibilidad. Incluso lo defiende y lo representa exageradamente dentro de su propia organización. La estrategia principal del vendedor amigable es forjar relaciones en casa del cliente, y evitar ruidos y conflictos. Es auténtico, accesible y servicial, está todo el tiempo disponible, incluso cuando tú prefieres batirte en retirada.
3. **El vendedor rebelde:** prefiere trabajar solo y tiene una gran seguridad en sí mismo. Sigue su propio instinto y hace las cosas a su manera. Hay muchos vendedores rebeldes que no hacen equipo, no respetan demasiado los procedimientos y no les gusta reportar o informar. No registran nada en el sistema de gestión de clientes (CRM). Son anárquicos, pero venden. Por esa razón, en muchas empresas los siguen aguantando mientras no resulten demasiado incontrolables.
4. **El vendedor detallista:** lo suyo es el detalle menor y el cumplimiento de las promesas. Va más allá de obtener

un pedido, él mismo hace el seguimiento y quiere garantizar que todo se cumpla. El vendedor detallista no suelta el pedido ni cuando ya está entregado y facturado. Le gusta más el servicio posventa que la posibilidad de generar nuevos negocios. El conflicto surge cuando la organización tiene personas dedicadas a solucionar los problemas de los clientes. Aunque lo hagan bien, el vendedor detallista es un cabezota que no confía en nadie y las ignora.

5. **El vendedor desafiante:** aquí tienes a un provocador elegante al que le agrada el debate. Investiga, analiza y entiende el negocio del cliente. Utiliza su conocimiento para enseñarle, para ir un paso más allá y mostrarle una perspectiva única de cómo competir. El vendedor desafiante expresa siempre sus opiniones, aunque resulten polémicas, empujando a los demás a pensar diferente. No es un monologuista y conoce el valor de la comunicación en dos sentidos. Tiene la capacidad de adaptar o personalizar su oferta y sabe presionar al cliente adecuadamente, sin pasar la línea roja. Pero hay una característica que lo hace especial y lo distingue de la mayoría: le gusta hablar de dinero, no teme hacerlo, no juega con evasivas.

¿Quieres vender soluciones de ingeniería?

O de marketing digital, o de ciencia de datos, me da igual. No es lo mismo vender neumáticos agrícolas o vinos de reserva, o hacer telemarketing por internet que ofrecer proyectos de refrigeración industrial o de arquitectura para una familia con ganas de construirse su primera vivienda. Vender soluciones es más complejo y requiere más tiempo. A veces, para el cliente implica un cambio importante en la forma de ver u operar su negocio, y eso, de entrada, puede parecerle muy perturbador.

Pero es cierto, no todos venden soluciones, aunque se ha puesto de moda decirlo y asegurarlo insistentemente, hasta el punto de que entras en el sitio web de una pyme que vende detergentes y no puedes entender fácilmente a qué se dedican.

¿Cuál es el perfil adecuado para una pyme?

Comienza por no engañarte a ti mismo. Si comercializas bicicletas eléctricas, no creas que tu negocio se trata de ofrecer soluciones móviles para ganar libertad y conectar con la naturaleza. Déjate de tonterías que lo tuyo es vender bicicletas eléctricas. A partir de tener eso claro, me imagino que ya sabrás si quieres hacerlo exclusivamente por el canal digital o no, y también si buscas que tus clientes sean maridos aburridos de caminar 10.000 pasos diarios o cualquiera con ganas de pedalear un rato los fines de semana. ¿Tienen que completar previamente un formulario de contacto? ¿Entrar en tu sitio web y encontrar al distribuidor más cercano? Cuando definas tu política comercial, vas a poder visualizar el par de perfiles que mejor encajan.

Muchos vendedores siguen pensando que la base de sus ventas está en el nivel de relaciones que construyen, y eso nunca es suficiente. Mientras que el vendedor amigable se centra en ser aceptado y apuesta por la familiaridad como elemento determinante para hacerse con el pedido, el vendedor desafiante se especializa en mover al cliente del terreno en el que se siente cómodo. Sabe ayudarle a ganar dinero (o a ahorrarlo) y le muestra su valor como proveedor. Uno quiere aflojar la tensión y el otro es capaz de mantenerla para que ambos hagan negocio. El amigable hace varias preguntas inteligentes argumentando que quiere conocer sus necesidades; el desafiante, en cambio, ofrece ideas potentes y mucha información.

La línea ibérica de la necesidad

Se ha extendido tanto la premisa de que es un imperativo fundamental conocer las necesidades del cliente, que nadie mueve el ratón si no se las explican en detalle. Existe una cantidad ingente de pymes organizadas a partir de las necesidades explícitas que les notifiquen. Sus sitios web lo dejan meridianamente claro: su principal objetivo es satisfacer las necesidades de sus clientes. ¿Esta estúpida declaración impedirá que no te engañen o que no te entiendan y terminen entregándote una porquería? Ahora bien, hay un número importante de pymes que piensan y actúan de una manera más parecida a como lo hacen sus colegas de países muy acostumbrados a innovar y competir en otros mercados.

El telegrafista y posterior empresario Thomas Edison no inventó la luz eléctrica porque unas 100.000 personas, reunidas en Time Square, gritaran a todo pulmón que necesitaban una bombilla que se mantuviera encendida durante toda la noche. La necesidad implícita de alumbrar la oscuridad ya existía y el bueno de Edison encontró una mejor forma de satisfacerla haciendo negocio. Lo mismo hace José en su pyme de Mungia diseñando y fabricando interiores más funcionales para trenes de cercanías. O Marcos y Luis desde Miranda de Ebro sumando nuevas prestaciones a los climatizadores para cuadros eléctricos. También Roberto, de Madrid, utilizando aislantes reflexivos en aplicaciones impensadas. Y David, cultivando tomates a ritmo lento, alejados de la química y con un sabor extraordinario, que sus clientes de Málaga consumen y agradecen.

Ellos y muchos otros no esperan, a ellos los esperan.

Porque proponen, estudian, analizan, imaginan, se anticipan. No están agazapados detrás de la línea ibérica de la necesidad.

La razón es elemental: no ven ninguna línea.

Diamante puro es diamante

Si quieres emprender y te gusta vender, vamos por buen camino. Dependiendo de las características del negocio, tus posibilidades de actuar como un vendedor desafiante son mayores. Y, en caso contrario, si buscas a una persona que disfrute vendiendo y no huya a la hora de hablar de dinero, con una buena formación puede llegar a serlo. Es un asunto de habilidades, capacidades y competencias. Esto era relativamente sencillo hasta que la gente de recursos humanos y de reclutamiento laboral (nombre propuesto por algún ministerio de defensa) se metió en el asunto.

¿Cómo puedo explicarlo para que un niño de 25 años lo entienda? Las habilidades son esas destrezas naturales o innatas que nos distinguen a cada uno para hacer algo bien y sin dificultades. Por ejemplo, trabajar en equipo o saber organizarse. Las capacidades se refieren al potencial futuro que tenemos para aprender a desarrollar una tarea específica. Si eres entrenable y no un cabezota inflexible que tiene razón hasta morir, la práctica te dará experiencia y conocimiento, que no es otra cosa que sumar habilidad y capacidad para lograr la competencia suficiente en un asunto concreto, como, por ejemplo, vender.

Hay características exclusivas de un buen vendedor, y el saber técnico es una de ellas. Me da igual que se trate de un producto, un servicio o una solución, todo tiene un aspecto técnico o un contexto tecnológico que hay que saber presentar y comunicar. Por supuesto, esto incluye las bicicletas eléctricas. Saber es todo aquello que podemos ofrecer, y eso implica más que conocimiento. Muchos vendedores no hacen bien su trabajo, no saben explicar qué nos están ofreciendo ni sus beneficios. Repiten incansablemente lo mismo y, ante su falta de preparación, utilizan el comodín de la calidad a modo de escudo, como si se tratara de una virtud incuestionable. No conocen su negocio y menos aún a su cliente. No pueden explicar las prestaciones que ofrecen, tampoco qué podemos hacer gracias a ellas. Y eso supone la inversión de un antiguo problema: tiempo atrás, la información era asimétrica. El vendedor generalmente sabía mucho más que el comprador, un hecho que podía sugerir la posibilidad de engaño. Gracias a internet, el comprador, si le interesa y quiere hacerlo, puede subir su nivel de información. Por lo tanto, ahora percibe la asimetría a su favor y el poco conocimiento del vendedor también como un mal disimulado intento de engaño. Pero no siempre son los vendedores quienes tienen la culpa, hay pymes que desprecian la formación interna y la dejan en un cajón o en manos de las circunstancias. ¿O en realidad desprecian a sus clientes?

Aunque todos sabemos que hay compradores y compradores

Puedes llamarlos clientes si eso te hace sentir más cómodo. El origen de la palabra no tiene relación directa con el comercio moderno y, dicen, proviene de la idea de un hombre medieval y obediente, protegido o tutelado por un señor feudal. ¿Acaso los antiguos banqueros que inventaron las finanzas, al prestar dinero, no exigían a sus clientes una condición de obediencia para asegurar el cobro de la deuda?

Aquellos pioneros que inventaron los grandes almacenes y tiendas de departamentos, como Selfridges o Harrods en Londres, popularizaron una conveniente idea: el cliente siempre tiene la razón. Hoy sabemos que eso no es cierto.

Personalmente, a pesar de su uso reiterado, tengo que advertirte que la palabra *cliente* no es una de mis preferidas: en general, actúa como una cortina de humo y dificulta la visión de todos los jugadores que conviven en tu mercado. Los economistas expertos sostienen que un mercado es un conjunto de operaciones o intercambios entre compradores y vendedores, una obviedad que a estas alturas saben hasta en las tribus indígenas más aisladas del Amazonas. Una pyme no puede hacer mucho con una definición académica y tampoco imaginando que se trata de las olas costeras de un océano azul. Estratégicamente, un mercado es un intangible, un teatro de operaciones donde trabajan los mismos actores, y ninguno de ellos se queda quieto por mucho tiempo: influyen, rivalizan, neutralizan, participan e intercambian, pero no con similar intensidad. Y si quieres ver más allá del intercambio lucrativo entre tu producto y el dinero que a cambio te entrega un cliente, te vas a encontrar con un estupendo panorama compuesto por diferentes tipologías de usuarios, intermediarios, integradores, fabricantes, agentes técnicos que elaboran proyectos, organismos que proporcionan normativas o reglamentos para crear marcos de referencia, y, por supuesto, cuándo no, tu estimada competencia. En el capítulo 10 te lo describo bien en detalle. Ten un poco de paciencia, por favor, que pronto ganarás dinero.

Cuando el corto plazo manda, y hay que darse prisa porque al parecer reflexionar no es trabajar, uno de los errores más generalizados que me ha tocado enfrentar es la visión de que el mercado es el cliente. O peor aún, que tenemos muy claro su funcionamiento a partir de escuchar a los intermediarios y observar a la competencia. El resto no existe, no cuenta para nada. Y, además, esos que hacen las normas son del bando de los malos y están para complicarnos la vida. Los impacientes no perciben sus ventajas, no se detienen a pensar que actúan para fijar prestaciones, que se trata de barreras de ingreso o fronteras tecnológicas para frenar a los malos de verdad. Hasta el día que finalmente deciden cumplirlas, las critican y las rechazan porque las ven como una fuente de problemas.

El éxito es vender, y los vendedores tienen que superar otra clase de problemas

Actualmente, los seres humanos son más diversos e inconformistas que nunca. Al menos eso dicen sociólogos de la talla de Zygmunt Bauman. Cada vez hay menos personas que aceptan la obligación como el reverso legítimo de un derecho. Pero esta extraña evolución social no impide que sigamos resolviendo situaciones según cuatro comportamientos distintos. Así lo hacen alemanes, turcos, colombianos, polacos, españoles, argentinos, noruegos o australianos. Incluso los británicos y franceses, que son muy suyos, se comportan ante las situaciones como el resto del mundo mundial. Y a la hora de vender, tenerlo claro es importante.

Vamos a imaginar una situación hipotética y problemática.

Una mañana estás trabajando en la primera planta de un edificio de oficinas junto a tus veinte compañeros, todos muy felices y productivos. De pronto, desde las ventanas se observa a un grupo de bonitos leones africanos que se juntan silenciosos y hambrientos a pocos metros de la puerta principal.

Hasta los de letras se dan cuenta de que estáis rodeados y confinados.

Los minutos avanzan y el problema sigue ahí, los leones no se mueven. Sorpresivamente, el compañero Pedro encuentra una buena escopeta y vocifera a gritos que la solución es coserlos a tiros y marcharse a casa. En cambio, Ignacio abre una ventana y con un altavoz se dirige a las bestias diciéndoles: «Señores leones, gracias por su visita, estamos un poco asustados y es hora de comer, con gusto les dejaremos unas cuantas chuletas a condición de que despejen la salida del edificio». Mientras tanto, Carlos llama a su madre para avisarle de que hay unos leones en la oficina, que un compañero quiere matarlos a tiros, que otro les habla como si fueran gatitos y que de ahí no se mueve hasta que alguien resuelva la situación. De repente irrumpe Marta con un rostro indiferente y voz de falsete para anunciar: «Llevo horas observando el comportamiento de los mamíferos carnívoros que nos rodean y les aseguro que en breves momentos tendremos un espacio de quince minutos para escapar tranquilos mientras ellos se echan otra reparadora siestecita».

Aunque todos utilizamos estos cuatro comportamientos para resolver un problema, naturalmente privilegiamos uno sobre el resto.

¿Tú vas a intentar venderles a los cuatro? Bravo por ti. Pero ten en cuenta lo que describo a continuación.

Pedro es el dominante y necesita resultados inmediatos en el corto plazo. Es impaciente y le gustan las respuestas concretas. Teme el fracaso: quiere productos comprobados que le garanticen el éxito y no es favorable a experimentar. Presta mucha atención a los gestos, las posturas y las expresiones faciales. Seguramente te lo vas a encontrar dirigiendo muchas pymes o departamentos importantes de grandes empresas.

Ignacio es un influenciador y le gusta relacionarse con las personas. Es un negociador nato, un dialogante. Como muchos vendedores, teme el rechazo y busca confianza y aceptación. Tiene un estilo influyente y suele ser extrovertido. Le gusta trabajar en ventas y sabe desempeñar el papel de comprador.

Carlos quiere seguridad y mantener el *statu quo*. No es un buen comunicador y se resiste a comprar o considerar las cosas innovadoras. Teme el riesgo y el cambio.

A Marta le gustan las normas y los procedimientos bien definidos. Quiere productos validados, certificados y contrastados. Ella teme el caos y prefiere leer antes que hablar. Si necesitas venderle algo, tú habla lo justo. Y no te olvides de llevar catálogos y manuales técnicos y de uso y mantenimiento.

El primero en observar y describir didácticamente estos cuatro comportamientos fue William Marston, un psicólogo multifacético que inventó el detector de mentiras y, además, creó el personaje de la Mujer Maravilla para DC Comics. Sus observaciones derivaron en un modelo teórico conocido como DISC, que, tras su muerte, ha ido evolucionando hasta perder parte de su verdadera identidad en aras de lo políticamente correcto. A pesar del paso del tiempo, dentro y fuera de casa nos encontramos con personas dominantes (D), influyentes (I), sumisas (S) y conformes o apegados a las normas (C).

¿Por qué negarlo?

Muchos vendedores consagrados nunca pierden de vista el modelo DISC y conocen sus efectos prácticos.

También saben que nadie le compra a un perdedor

Esto lo aprendí allá por los años ochenta. Todo comenzó en las interminables carreteras argentinas. Mi trabajo consistía en organizar y delimitar las nuevas rutas comerciales para los vendedores que estaban por venir. Cada periplo que diseñar tenía que comenzar un lunes y finalizar el jueves, sin superar los 2.000 kilómetros de recorrido. Estoy hablando de un país inabarcable, que en el continente americano son la mayoría. No existía el canal digital, sólo las páginas amarillas y mucho dinosaurio líquido a precio razonable para impulsar mi austero Renault 11, con sus potentes 60 caballos de fuerza. Siempre se me dio bien hacer kilómetros. Incluso hoy me aprovecho de las formidables autopistas que ofrece España para disfrutar a gusto de un buen coche alemán.

Sí, me gusta conducir.

Comencé recorriendo la provincia de Buenos Aires, que equivale nada menos que al 60 por ciento del territorio español. Tenía que buscar intermediarios en pequeñas ciudades y pueblos en crecimiento, trazando mi propio mapa de paralelas y perpendiculares para recorrer el casco urbano y encontrar futuros clientes a los que visitar periódicamente. El GPS aún no se había inventado y el teléfono móvil tampoco. Utilizábamos un localizador portátil enganchado al cinturón del pantalón que podía recibir mensajes cortos de texto. Se llamaba *mensáfono, beeper* o *buscapersonas*, necesitaba un cargador eléctrico y funcionaba con señales de radio. Mi equipamiento de trabajo se completaba con una calculadora de bolsillo Casio, un cuaderno cuadriculado y dos bolígrafos...

En mi primera expedición, el gordo Cohen, un viajante de comercio experimentado y con muchos kilómetros a sus espaldas, se ofreció para acompañarme. Sin duda, su ayuda me podía ahorrar bastante dinosaurio líquido. Personalmente, nunca fui partidario de los viajantes de comercio, una digna profesión de vendedores representantes de varias casas, que por aquellos tiempos se desplazaban a lo largo del país por una comisión razonable. Vendían un poco por aquí y otro poco por allá, y ése no era el único problema. Si no sabían explicar bien tu producto o ya lograban obtener una buena cifra vendiendo una marca conocida, terminabas dejando una zona importante en manos de la persona equivocada. Justamente, yo estaba trabajando para aumentar la masa crítica de productos distribuidos y tener la oportunidad de hacer volumen. Quería sustituir a los viajantes que había heredado por un pequeño equipo de vendedores exclusivos.

El gordo Cohen era un gran tipo y quería prestarme su ayuda.

Estuvimos dos semanas de gira bonaerense, y me presentó a muchos potenciales clientes. Además, aprendí ciertos detalles para identificar con más facilidad pueblos y pequeñas ciudades interesantes. El querido gordo Cohen fue una gran ayuda para mí y me hizo ganar tiempo y kilómetros. Pero regresé a casa sin un miserable pedido, ni un par de muestras gratis me pidieron. Durante los tres meses siguientes hice viajes en solitario hasta que pude terminar de trazar toda la provincia de Buenos Aires.

Y, por supuesto, también vendía. El resultado final fueron tres rutas comerciales potentes y equilibradas.

Cualquiera que haya realizado un trabajo parecido, sabe que lejos de las grandes ciudades, hacer clientes y amigos es más legítimo, más verdadero. Con la confianza que dan los viajes, un día le conté a Rubén, un buen cliente de la ciudad de Tres Arroyos, sobre la ausencia de pedidos que había padecido en aquella primera gira junto al gordo Cohen...

«Siento decirlo, pero nadie le compra a un perdedor.»

Rubén era un señor de provincias, sincero y humilde. Su negocio de electricidad crecía sin prisa, pero sin pausa. Nunca se retrasaba en los pagos y tampoco compraba sin pensar.

«Todos le tenemos cariño al gordo Cohen, pero hace diez años que viene con el mismo coche, la misma chaqueta, el mismo pantalón, el mismo maletín, las mismas marcas... Al parecer, él no gana dinero vendiendo sus productos; si le compro a él, seguramente yo tampoco lo haré.»

Sí, sonaba injusto. Pero las señales que emitía el querido gordo Cohen eran que iba y venía, pero no progresaba. Y eso a sus clientes no les gustaba. Es fácil darse cuenta de que no puedes salir de visita haciendo ostentación de cochazos y relojes de postín, pero lo contrario actúa como un poderoso indicador que, lamentablemente, genera rechazo.

El éxito es vender y, aunque te sorprenda, incluso hoy en día existen muchos sectores de actividad con clientes a los que hay que visitar periódicamente.

Y respetando todos a la época que pertenecen, compran y consumen como piensan.

7

Comunicar es actuar: vas a tener que decir algo...

Hay varios trabajos complicados en nuestra vida moderna que no están al alcance de cualquiera. Otros, en cambio, son más fáciles y accesibles, incluso menos estresantes. Pero todos tienen algo en común: antes o después, habrá que comunicar. Las primeras teorías de la comunicación eran básicas y explicaban que era necesario contar con un emisor, un receptor y un mensaje, hasta que un tío de letras se despertó un domingo de madrugada con un par de preguntas bajo la almohada: ¿ninguno de ellos será el responsable de hacer efectivo el mensaje? Si el lunes doy los buenos días en la oficina y nadie me responde, ¿eso es comunicar? La cuestión siguió avanzando, pasando por distintas disciplinas y culturas sin que nadie se pusiera de acuerdo. Las formas de comunicación no están del todo inventadas y en este tema hay más opiniones que estelas en el mar.

Quien no tiene nada que decir, lo dice a gritos.

Pero si tú quieres emprender y liderar, tienes que comunicar. Y lloremos juntos si te viene bien, pero para vender, también.

Si el estado de ánimo es eso que generamos con nuestra presencia, comunicar es más que transmitir mensajes y noticias: es una emoción, un sentimiento.

Mi amiga Marisa decía que es el arte de poner a dos o más personas en un estado de intimidad, de conectar efectivamente con los demás. De saber escuchar y preguntar con empatía, coherencia y humildad. La socialización digital que supimos conseguir contribuye a confundir un poco las cosas. Sumar varios miles de seguidores, un montón de amigos o cientos de *me gusta* es un hecho cuantitativo cuyo valor es discutible. Son esfuerzos básicamente masivos y unidireccionales. Los buenos vendedores tienen la habilidad de comunicar y la desarrollan amablemente en dos direcciones: hablan y ofrecen la oportunidad de hablar y participar. Los buenos emprendedores hacen lo mismo. No son monologuistas, no quieren tomar la palabra constantemente. Aprendieron a dominar su ego y a superar sus propias ganas de escucharse. No quieren receptores silenciosos, buscan intercambiar ideas y contrastar opiniones para ajustar necesidades. Además, evitan proyectar únicamente lo que a ellos les interesa.

Comunicar es una forma de entender el universo

Tiene que ver con tu cultura y el modo de pensar. Percibimos el mundo exterior a través de los cinco sentidos, después el cerebro decodifica y almacena la información en función de nuestras experiencias, intereses y preocupaciones. Pero no todos utilizamos los sentidos por igual, privilegiamos sutilmente unos sobre otros. Debido a eso, por ejemplo, tres personas que viajan juntas a Hannover o Düsseldorf para visitar una feria, detallan la experiencia de una manera muy distinta. La misma situación sucede si les pides que te describan la cafetería del aeropuerto. Esto se conoce como sistema representativo o preferencial de percepción y es interesante para sintonizar mejor con las personas. Están los visuales, aquellos que observan el mundo y sus objetos, y los visualizan con la mente. También los auditivos, que escuchan los sonidos exteriores y los reproducen internamente. Y, por último, los kinestésicos, que privilegian el gusto, el tacto y el olfato para interpretar las informaciones a través de sensaciones y emociones. Algunos sostienen que, según el prisma global del capitalismo, somos un invento denominado expresamente *individuo*, dotado con la independencia suficiente para adquirir productos y acumular posesiones. Otros, más filosóficos, aseguran que no hay seres inmutables: convivimos internamente con diferentes personas y un coro de identidades en batalla continua por dominarnos, de las cuales ninguna puede asumirse como la real. ¿Esto qué significa? Bueno, en estos tiempos no sabemos qué clase de bicho somos, ni si nos conviene tener una tortuga caguama de mar como animal de compañía. Pero algo está muy claro: si quieres emprender, liderar una pyme o vender de verdad, tendrás que tener habilidades de comunicación. Y el sistema representativo o preferencial de percepción puede ayudarte a mejorar o a encontrar al bicho adecuado.

Los visuales piensan rápidamente en imágenes y suelen poner las cosas en palabras o explicar conceptos con cierto desorden. Los auditivos son más detallistas y hablan organizando muy bien sus oraciones, explican paso a paso y corren el riesgo de aburrir. Los kinestésicos utilizan palabras fundamentadas en sentidos, sentimientos y sensaciones.

Unos miran, otros dicen y ellos tocan

Y todos combinan a su suerte tres categorías del lenguaje: verbal, no verbal y paraverbal. Pero al contrario de lo que la mayoría cree, es el *verbal*, eso que decimos con palabras, el que menos utilizamos para comunicar (menos del 10 por ciento), porque es el *no verbal*, ese que aglutina gestos, expresiones, movimientos, sonidos y hasta colores y banderas, el complemento habitual (alrededor del 50 por ciento) que empleamos para ayudarnos a decir lo que queremos. Las pausas y el manejo de los silencios, el timbre y el volumen de la voz, el tono y el ritmo conforman el lenguaje *paraverbal*, que representa hasta un 40 por ciento de la comunicación.

Efectivamente, la vida es un set de rodaje, y comunicar es actuar.

Nos guste o no, su importancia parece seguir una tendencia imparable. Pero mi experiencia me advierte de una ausencia significativa: nos estamos olvidando de las cuatro reglas básicas de la comunicación, herramientas vitales para un emprendedor moderno. Eso sucede, quizá, porque ya están totalmente inventadas, como las escaleras rectas, o porque los consultores expertos en su propio negocio las desconocen por completo. Insisto una vez más: para liderar tienes que saber comunicar, tanto con clientes como con tu equipo de trabajo. Aprovechar tu poder para dar órdenes marciales sin explicación y haciendo uso reiterado del mínimo esfuerzo es despreciar las implicaciones del derecho al respeto. Como emprendedor o promotor de una pyme, serás una figura principal con cierta autoridad, dentro de los parámetros actuales de un jefe moderno: una forma de vida que actúa como un entrenador, un facilitador, un motivador y, atención con esto, que solamente controla con el propósito de estabilizar un proceso. La competencia te enseña que, si quieres controlarlo todo, irás demasiado lento. Me estoy refiriendo a una persona muy lista: no sólo presenta ideas y comparte visiones, también incorpora y formaliza cuatro reglas básicas para comunicar productivamente, que enumero a continuación.

1. **Hacer pedidos concretos:** basta de dar a entender las cosas y no decirlas con claridad. Si necesitas que te vayan a buscar al aeropuerto o que te ayude uno de los técnicos durante una mañana para terminar un presupuesto, tienes que pedirlo alto y claro, que los demás no son adivinos. Ya no vale decir «Es que tenían que haberse dado cuenta de que yo necesitaba ayuda». Aprende a pedir y deja de tener miedo a recibir una respuesta negativa. Si te dicen que no, búscate la vida, que eso nos sucede a todos.
2. **Hacer ofrecimientos concretos:** si tú me puedes llevar al aeropuerto, dímelo con claridad. Si quieres ayudar a una compañera a preparar los envíos para terminar a tiempo, deja de hacerte el importante y dar sugerencias imprecisas. No te pongas de perfil, ofrece tu ayuda alto y claro. Y si la rechazan, no te enojes ni te hundas en la miseria y sigue adelante con lo tuyo.
3. **Hacer afirmaciones:** a todos nos gusta decir algunas cosas con alegría y frivolidad, las cuerdas vocales dan para

mucho. Sin saberlo, confundimos opiniones y hechos con suma facilidad. Escuchar decir que el nuevo campo del Atlético de Madrid es muy grande es una opinión. Exponer que su capacidad es de 70.000 espectadores sentados es un hecho. Asegurar que tenemos el 40 por ciento del mercado cuando solamente le hemos preguntado a un par de intermediarios es una opinión temeraria. Las afirmaciones, en cambio, son distintas. Se trata de eso que decimos y sobre lo que, además, tenemos las evidencias para demostrarlo ante quien lo solicite. Si te las piden, no te hagas el ofendido y pidas batirte en duelo porque alguien dude de tu palabra. Para hacer negocios, ten a mano tus evidencias. Las opiniones y los juicios de valor son valientes, pero te pueden llevar a perder dinero.

4. **Hacer declaraciones:** prometemos y prometemos unas cuantas veces por semana. Ahora bien, cumplir lo prometido ya es distinto. Le decimos a un cliente que el jueves tendrá su pedido y el viernes nadie se pone al teléfono ni quiere responder a sus correos electrónicos. Quedas con un posible proveedor y llegas veinte minutos más tarde con la excusa de «Perdóname, es que no he encontrado aparcamiento». Las declaraciones son esos compromisos que asumimos y que nosotros mismos hacemos que sucedan. Son prácticas y demuestran nuestro manejo del poder. Superman puede volar y Iron Man, gracias a la tecnología, también. En cambio, mientras Batman utiliza sus limitados recursos para convertirse en un justiciero, como mínimo tú deberías poder calcular bien el tiempo y prever que, como todavía no dispones de un chófer personal, tendrás que encontrar antes un lugar para aparcar tu venerado automóvil.

La utilización regular de las cuatro reglas básicas de la comunicación cambia radicalmente la dinámica de los equipos de trabajo. Contribuye a eliminar conflictos innecesarios y aumenta la eficiencia de todas las personas involucradas.

No es magia: su poder reside en agilizar la comunicación. Es más, dicen los buenos pensadores que las empresas están hechas de historias, no de materia. Incluso están de acuerdo en analizarlas como lugares donde se establecen compromisos internos y externos con el propósito de obtener beneficios. A partir de esa visión tan particular, que comparto plenamente, fue tomando cuerpo una didáctica forma de aplicar las declaraciones a la práctica del comercio internacional.

Allá por los años noventa, cuando pasé cuatro años trabajando con los franceses, empecé a aplicar algo que se conoce como el «principio de las tres declaraciones». Mucha gente cree que las multinacionales fijan los precios que quieren y avanzan más rápido gracias a disponer de toda la gente y los recursos que necesitan, pero en realidad esto no es cierto. Una de sus grandes bazas es que, desde los comienzos, utilizan estratégicamente una cantidad de metodologías simples y eficientes, algo que la mayoría de las pymes considera innecesario hasta no adquirir un tamaño determinado. Trabajar con un método es una forma de fijar patrones de conducta, formalizar el saber y acelerar el crecimiento. Y, por supuesto, aunque te parezca insólito, la comunicación forma parte del asunto. Voy a describirte en detalle los pasos del principio de las tres declaraciones, no te duermas contando ovejitas...

1. **Primero la declaración de negociación.** Te pongo en situación con un caso local, no necesitamos irnos muy lejos. Imagínate que hoy es lunes y el miércoles empieza en Ifema Madrid una feria importante. Tu empresa es de Gijón y habéis contratado un *stand*. El delegado local es el responsable de organizarlo todo y en el último momento descubre que no le quedan catálogos en la oficina de Alcobendas. Está preocupado y un tanto nervioso, no quiere malograr la oportunidad de presentar a sus potenciales clientes el nuevo durómetro XL5 con percutor de caucho inalámbrico. Habla contigo y te pide que le envíes urgente, esa misma tarde, al menos unos quinientos trípticos en formato A3. Pero tú sabes que eso no es posible. Se trata de un lanzamiento de producto reciente, sólo quedan cuatrocientos

trípticos y tienes que atender también a la delegación de Barcelona. Has llegado al momento culminante del asunto. Puedes escuchar al delegado madrileño hasta desgastarlo, no hacer ningún comentario ni mostrar oposición, ponerte silenciosamente de perfil y terminar haciendo después lo que te dé la gana o negociar con él e intentar llegar a un acuerdo.

2. Por supuesto que no será tan fácil, querrá asegurarse y presionará y te dirá que se lo come el león si no tiene quinientos trípticos, que su vida está en peligro y que la competencia le ha dejado un cactus en la puerta de la oficina. Pero si tu punto de partida es respetarlo y comportarte como un protagonista, te pondrás a negociar y a exponer tus argumentos. Tú insiste, negociar no es exclusivamente comprar y vender. Ambos terminaréis acordando, por ejemplo, que mañana temprano dejarás doscientos trípticos y cien bolígrafos con el logo de la empresa en la mensajería DHL Asturias porque te aseguran que antes de las 18.00 h estarán en Madrid.
3. **Ahora viene la declaración de realización.** Antes de las 10.00 h has cumplido el compromiso y el paquete con trípticos y bolígrafos está viajando hacia Madrid. Ya puedes ocuparte de otra cosa y olvidarte del asunto. Si alguien quiere información al respecto, pues que llame y te pregunte. Porque tú eres más importante que el delegado madrileño y aparcas el coche en el mejor sitio disponible, ese que se encuentra al lado de la puerta de entrada. Pero, *su atención por favor*, hay otra buena opción para darle fluidez a la comunicación, que no guarda relación con el poder de las personas dentro de la organización: puedes comportarte nuevamente como un protagonista y enviar un aviso de misión cumplida. O trabajo realizado, que suena menos cinematográfico. Algo sencillo como un wasap o un e-mail. También vale un mensaje por Signal.
4. **Llegamos a la declaración de satisfacción.** El último paso es más que una norma de cortesía para darle carpetazo al asunto. Si todos en la empresa se acostumbran a co-

> municar de la misma forma, el delegado madrileño, al recibir el paquete, te dará a conocer su satisfacción, utilizando una palabra universal: ¡gracias! Y si por alguna razón no lo hace, entonces eres tú quien solicita la declaración para dar por finalizado el asunto. Recibido, gracias.

Las personas marcan la diferencia, y la comunicación, también.

Dejemos Gijón y Madrid, y tiremos de la experiencia. Cruzamos el charco Atlántico, así llamado en honor al titán griego Atlas. Está comenzando el nuevo siglo y trabajo en un grupo familiar vasco que todavía tiene poca experiencia internacional. Los pedidos del exterior son relativamente modestos y molestos, y contrastan con la estupenda cifra de negocios que se hace en España. Exportar es una prioridad que no comparte toda la organización y estoy ahí para intentar cambiar esa mentalidad. Estamos en julio de 2002 y Carlos, el joven delegado que tenemos para Iberoamérica, hace las cosas bien y consigue que ganemos nuestro primer concurso en UTE. Se trata de la empresa pública de electricidad de Uruguay y el pedido es por casi un millón de euros. Necesita obtener un poder para retirar el talón oficial por el anticipo del 20 por ciento y los uruguayos le dan el modelo de poder notarial utilizado en su país. No hay mucho tiempo y, como es habitual, el documento público necesitará la Apostilla de La Haya. Carlos llama a Roberto, el jefe de Administración, y le comenta la situación, después le envía un correo con las instrucciones recibidas y queda a la espera de sus noticias.

Durante la primera semana no hay novedades. La segunda, tampoco. Carlos se impacienta porque no sabe nada y nadie responde a sus correos. Llama por teléfono desde Buenos Aires y le informan de que Roberto se marchó de vacaciones y ha enviado el poder notarial directamente a Montevideo. El cliente es una empresa pública importante y tardan tres días en encontrar el documento. El envío postal no tenía destinatario y estaba durmiendo en el Departamento Legal, no en el de Adjudicaciones, que era el que lo solicitaba. Cuando lo rescatan, verifican que la redacción no responde al modelo utilizado en el país y lo rechazan. Ya faltan pocos días para que el talón pierda su validez legal y los uruguayos están pensando en adjudicar el pedido al segundo oferente. Es la primera vez que le compran a la empresa vasca y sospechan que no ha sido una buena idea.

Carlos está muy preocupado y llama a Miguel Ángel, el director financiero del grupo. Se habían conocido en São Paulo, cuando ambos tuvieron que solucionar el pago de una deuda que mantenía el representante brasileño. Carlos y Miguel Ángel buscan solucionar el problema, reconociendo que se aproxima la última semana de julio y en España impera el ritmo vacacional.

Tres días más tarde, Miguel Ángel le comunica a Carlos que el poder notarial ya está firmado, que el notario de Bilbao lo hizo respetando el modelo utilizado por los uruguayos y que en veinticuatro horas tendrá la Apostilla de La Haya para enviarlo seguramente por FedEx. Dos días después, Miguel Ángel llama directamente al móvil de Carlos para confirmarle que el poder notarial está de camino directo a Uruguay, como ambos pactaron para ganar tiempo.

Carlos viaja a Montevideo a recoger el documento en la oficina local de FedEx y lo entrega rápidamente en la empresa pública uruguaya. Un par de horas después, con el talón en sus manos, llama a Miguel Ángel para confirmar que todo está en orden y para agradecerle su dedicación. Recibe a cambio un cordial: «De nada, hombre, gracias a ti».

Nuevamente: las personas marcan la diferencia, y la comunicación, también.

Cuando Roberto regresó de sus merecidas vacaciones, argumentó que los poderes son todos iguales y que no tenía por qué darle explicaciones de su trabajo a un simple delegado. Por suerte, su jefe no pensaba lo mismo.

Carlos y Miguel Ángel se llevaban treinta años de diferencia. Los dos habían comenzado su carrera laboral en épocas muy distintas, trabajando en filiales de empresas multinacionales. Su forma de comunicar era muy parecida: ambos utilizaban habitualmente las cuatro reglas básicas y el principio de las tres declaraciones. Pero no sabían precisar desde cuándo lo tenían incorporado.

Comunicar tiene que ver con tu cultura y el modo de pensar

Esto es muy cierto y se hace evidente cuando dejas tu barrio y te das una vuelta por otros países, o simplemente cuando cambias de trabajo. La cortesía diplomática de los japoneses, al menos dentro de sus fronteras, les impide decir directamente que no y prefieren suavizar sus respuestas negativas. Los británicos son muy directos, pero especialmente reservados si de comentarios y opiniones se trata. Los alemanes son conscientes de su jerarquía y les gusta mantener cierta distancia y sentir respeto. En Italia utilizan las expresiones enfáticas y los ademanes con facilidad. Su idioma no es tan utilizado como el alemán, pero dicen que es tan útil como tocar la flauta en una orquesta: no tiene el poder del tambor, ni la centralidad del piano o el violín, pero cuando lo escuchan hay algo mágico y único en el ambiente. Los franceses utilizan expresiones regionales, cambian los acentos, hablan muy rápido y saben quejarse con estilo para iniciar una buena conversación. He trabajado con todos ellos y cada uno es de su madre y de su padre, pero tienen algo en común, algo que ya me gustaría que formara parte de la cultura española: a la hora de comunicar, lo positivo va rigurosamente por delante.

Uno de los ejercicios básicos que propone la estrategia moderna para determinar objetivos es un simple análisis para identificar cuatro factores recurrentes en cualquier negocio: fortalezas, oportunidades, debilidades y amenazas. Fue desarrollado en la década de 1960 por el ingeniero estadounidense Albert Humphrey y en nuestro idioma se lo conoce popularmente como FODA. Con la excepción de España, por supuesto, en donde siempre se ha llamado DAFO.

¿Será por esa vieja costumbre de interponer lo negativo antes?

Te contaba antes que al comenzar el siglo me contrató un grupo familiar vasco. Primero me tocó organizar sus negocios en Iberoamérica y, cuando los planetas se alinearon en caprichosa asimetría, me invitaron a trabajar en el norte, con casa y comida en Bilbao. La aclimatación empezó con mi asistencia a la reunión comercial que se realizaba anualmente en Madrid. Ya conocía todas las fábricas del grupo y a sus responsables principales, pero eso es como hacer turismo por Miami, Praga o Lisboa: puedes ver y fotografiar, incluso dormir, desayunar y recorrer, pero sentir y entender necesita mucho más tiempo. En la reunión comercial estaban los delegados de todo el país: catalanes, maños, valencianos, alicantinos, sevillanos, malagueños, tinerfeños, cántabros, gallegos, vallisoletanos, vascos, navarros, más vascos, asturianos, salmantinos y madrileños.

El único indio argentino era yo.

Tomó la palabra el carismático director comercial madrileño para decir eso que dicen los directores comerciales cuando tienen delante al jefe supremo: «Vendan más, joder». A continuación, se escuchó la imponente arenga del director financiero: «Gasten menos, cojones». Después vino la parte caliente, la que todos estaban esperando con ansiedad e ilusión, la que realmente los había movilizado hasta la capital española...

Abrió la batalla Manolo, el delegado sevillano, para dispararle a Juan.

Juan era el responsable de la fábrica Superblok, diseñada para producir novecientas casetas huecas de hormigón monobloque de hasta 14 metros cuadrados, cuyo peso, con equipamiento eléctrico incluido, se aproxima a las quince toneladas. Ese año el mercado estaba de fiesta y Juan le había entregado a la red comercial nada menos que mil ochocientas casetas con equipamiento incluido. Gracias a su gente, había superado las limitaciones de una planta diseñada para producir solamente la mitad y había eliminado unos cuantos cuellos de botella. Manolo, el sevillano, le reprochó a Juan que, de las doscientas casetas entregadas a su delegación, dos habían tenido fallos y por eso el cliente estaba reclamando un penalti a favor del Betis. Le siguió animadamente Jesús, el vallisoletano, para señalar que, de las cien casetas entregadas a su delegación, tres habían tenido fallos y sus clientes reclamaban las cenizas de Felipe II, injustamente escondidas en el monasterio de El Escorial. Andreu, el catalán, no quiso desperdiciar la ocasión y dijo que, de las cuatrocientas casetas recibidas, cuatro venían con pequeños fallos y, por lo tanto, sus clientes reclamaban la independencia.

Así un delegado tras otro, mientras Juan fumaba sus Celtas cortos. Llegado el momento, el director comercial agradeció mi disparatada presencia en la reunión comercial nacional y me ofreció la palabra, esperando que no dijese tonterías, que fuese bueno y no hablase de Maradona. Yo era el indio argentino con experiencia internacional que venía de la competencia y las treinta personas de la sala me escucharon muy atentamente...

Me puse de pie ocultando la mirada con mis clásicas gafas de sol Ray-Ban y les dije:

> Ninguno de vosotros ha comenzado agradeciendo el esfuerzo por entregar el doble de la capacidad de producción. Nadie ha visto nada positivo, nadie ha tenido la disposición de valorar nada, todos habéis señalado solamente los errores, todos habéis puesto la mierda por delante. Entiendo que es cultural, pero competimos especialmente con franceses y alemanes. Y que sepáis que ellos prefieren comenzar con las fortalezas. Motivar y agradecer, destacando lo positivo primero.

Mi apasionada intervención terminó con un aplauso generalizado al sorprendido Juan, porque, además de ibéricos, todos eran buena gente.

Ese día no hice amigos. Excepto Juan, claro.

Destacar primero lo negativo es una mala costumbre que impide la buena comunicación

¿Las palabras construyen la realidad o la describen?

Piénsalo bien antes de decir algo y deja cualquier implicación política de lado. Vámonos de viaje a París, a la ciudad de las luces que tantos turistas recibe año tras año. Cuando la visité por primera vez, me quedé impactado. Me pareció especial, vital, única, bohemia. Una ciudad con personalidad propia y con la identidad suficiente para representar a los europeos ante el resto del mundo. El Arco del Triunfo y la torre Eiffel me mostraron el pasado reciente; los Champs-Élysées, la belleza ciudadana; el Moulin Rouge, el comienzo de la espectacular noche parisina. Recorrí toda la ciudad con Mónica, mi peor amiga argentina. Para ella, París resultó anticuada, desordenada y aburrida. Un tanto sucia e insegura, sin el modernismo de Londres ni el toque imperial de Roma.

Ahora vamos a Buenos Aires, ¿la conoces?

Te diré que quiso ser la capital de un imperio que no pudo serlo. Que no tiene la calle más larga del mundo y tampoco las avenidas más anchas, que de momento están en El Cairo. Pero sí un género musical propio que se llama *tango*. Que hay una zona muy madrileña y otra muy parisina. Y muchos habitantes, y librerías interminables, y restaurantes bonitos que nunca duermen. Y taxis pintados como en Barcelona y, al igual que en Londres, una cantidad incesante de autobuses, que allí les dicen *colectivos*. En cambio, el vasco Guillermo no vio lo mismo. Le pareció muy similar a Sídney, pero con gente simpática que sólo habla de fútbol y come carne y empanadas. Que viven de espaldas a un río y van como locos a todas partes. Ahora bien, para mi vecina Charo, Buenos Aires es poco más que un obelisco normalito y plazas gigantes, un club llamado Boca Juniors y montones de semáforos y aceras en mal estado.

Pero, en realidad, ¿cómo es Buenos Aires o París?

Ve y regresa con tu versión...

Mi vecina Charo decía que comunicar es amar

Las llamadas diarias de los vendedores de telefonía han hecho que cambie un poco de idea. Aun así, ella sigue pensando que la comunicación es como la palabra amable del conductor de un programa de radio nocturno. Conozco a mucha gente que piensa como Charo. He trabajado durante siete años en varias emisoras argentinas y la sensación de que comunicar es sentirse acompañado te aseguro que es potente y formidable. Las muestras de gratitud que guardo de aquellos tiempos son inolvidables. El problema es que cuando sintonizas con el mundo material de los negocios, algunos inexpertos se confunden y siguen pensando que comunicar es repartir abracitos todo el rato.

No seamos tan inocentes, porque ante determinadas situaciones, comunicar es lo mismo que la esgrima: un deporte de combate en el que no se permite el contacto cuerpo a cuerpo. Y esto no sucede solamente al comprar y vender, también ocurre en el ámbito del trabajo y sus emociones. La prestigiosa RAE se refiere a la esgrima como «el arte de manejar la espada y otras armas blancas». Pues justamente por ahí van los tiros. Mejor dicho, los sablazos. Conversar es una manera de comunicar. A veces las conversaciones empiezan bien y al poco tiempo sentimos el toque de la punta plana de una espada. No hemos visto el saludo inicial de los esgrimistas, pero captamos que desde ese momento toca prepararse y ponerse en guardia. El duelo argumental está en marcha y las palabras hacen las veces de armas blancas: pueden producir enfado, indignación, complicidad y aceptación. Además de confianza, rechazo, angustia o dolor. Y si el resultado no te gusta, lo exageras o lo vives con la fatalidad de una víctima, después no podrás actuar como lo hacen los profesionales, esas formas de vida que se distinguen del resto gracias a su capacidad para olvidar el pasado.

El arte de conversar es una conexión de calidad con los demás. Nos da el poder para influir en la forma en que interpretamos la realidad. Defendemos nuestras posiciones hablando y escuchando. Abrimos o cerramos posibilidades. Lideramos, inspiramos. Nuestras pymes o emprendimientos son lugares donde se producen conversaciones con el objetivo de organizarnos.

Los esgrimistas se saludan al comienzo y tras la finalización del duelo. Para no ser descalificados, se tocan al compás de unas reglas específicas. Ganen o pierdan, no se lastiman y siguen adelante.

Con las buenas conversaciones sucede lo mismo.

8

Cobrar es parte del trabajo: el problema es de quien lo sufre

Mi buen enemigo Pedro siempre decía que la lucha termina cuando el cliente firma en la liniecita de puntos. La visión de los comerciantes chinos de la Antigüedad se centraba en la fase posterior: ellos sospechaban que el mismo día que ganabas un cliente, por diversos motivos, comenzabas a perderlo. Y no solamente por tus propios fallos o promesas mal cumplidas, a veces algunos compraban con alegría y pagaban con tristeza. O directamente no lo hacían. Y si al final no cobras, otra vez estás en la casilla de salida. Peor aún: con un proveedor golpeando a tu puerta. En las películas de mafiosos italianos e irlandeses, esas que tanto le gustan a Martin Scorsese, se puede visualizar la importancia del asunto y la sencillez de sus métodos de cobro. No hacían falta acuerdos legales o facturas numeradas, tenías dos opciones para saldar la deuda: por las buenas o por las malas. Es una ecuación de primer grado, cuantos menos papeles haya que firmar, mayor violencia utilizarán para cobrar.

Diversas culturas urbanas cuentan con personajes inventados para enseñarle a tontos e inocentes que nunca hay que dar el pago por asegurado. Los que han nacido en una de las dos orillas del río de La Plata han escuchado hablar de Magoya, una celebridad creada entre argentinos y uruguayos destinada a darle cera a los ingenuos.

Ve a cobrarle a Magoya...

Es decir, te conviene no venderle a Magoya ni a ninguno de sus parientes o amigos. Antes de ser un emprendedor automovilístico en prácticas, el famoso Louis Chevrolet ya sostenía la misma tontería que repiten a diario muchas personas cuando escuchan que su cliente no dispone de suficiente dinero para pagarles: «Ése no es mi problema». ¿Recuerdas lo que mencionaba en el capítulo 2? Lloremos juntos y tomados de las manos si eso te tranquiliza, pero como irás descubriendo a medida que avances por la vida, el problema no es un objeto, el problema es de quien lo sufre. Negarlo o ignorarlo te servirá sólo para perder el tiempo. O pones un poco de voluntad para entender tu problema, o no podrás avanzar hacia una solución. Por supuesto que hay cantidad de negocios digitales y físicos en los cuales debes soltar el instrumento de pago antes de tocar la maravilla que has comprado. Pero no todos podemos disfrutar de semejante privilegio. Además, conviene no olvidar que las condiciones de venta con pago diferido y otras formas de financiación son habituales en varios sectores de actividad: actúan como impulsores para el tamaño económico de un país y sus mercados internos.

Deber dinero no es delito, el delito es no pagar.

Y la estúpida creencia de que tienen que pagarte porque te deben dinero te dejará con la tesorería jodida y a ti explicándole la situación al director del banco y a un abogado. Se trata de vender y cobrar según lo pactado. Pero eres tú quien tiene que entender que cuando realizas una operación comercial, estás asumiendo un riesgo. Mira por dónde, lo mismo les sucede a tus proveedores.

La clave está en aceptar que cobrar es parte de tu trabajo

Éste es un punto de vista un tanto perturbador y revolucionario para emprendedores y vendedores irresponsables, acostumbrados a dejar el asunto en las manos alegres de sus clientes. A pesar de ciertas leyes limitantes, el crédito comercial y las condiciones de pago siempre fueron objeto de negociación, y lo seguirán siendo. Ahora bien, si quieres reducir las posibilidades de tener una factura impagada, puedes aprovechar la información pública disponible para anticiparte y no seguir pensando que te tienen que pagar porque te deben dinero.

Los sitios web son un buen punto de partida.

En España y otros países europeos, están obligados a incluir la identificación fiscal de sus propietarios. Con ese dato puedes confirmar si son quienes dicen ser o si, curiosamente, se han olvidado de dejarlo claro. Y por menos de 200 euros, también puedes comprar un paquete de cien perfiles básicos en alguna de las empresas que reúnen información comercial de diversas fuentes, muy especialmente del Registro Mercantil. Los irás utilizando a medida que los necesites y te adelanto que vas a sorprenderte con los descubrimientos: sociedades limitadas con un capital social mínimo para sus infundadas pretensiones, ventas insuficientes y pérdidas constantes, o su hoja registral, esa misma que se abrió cuando se inscribió la constitución de la mercantil, cerrada por no haber presentado nunca sus cuentas anuales. El historial y la información existen, son públicos y están disponibles.

La responsabilidad de anticiparte y averiguar con quién tienes la posibilidad de hacer negocios es tuya

Cuando ya tienes un cliente solvente, las cosas cambian, pero llegar a serlo implica una trayectoria favorable y confianza mutua. Con los proveedores ocurre lo mismo: a veces no pensamos y nos comportamos como compradores irresponsables. Es habitual que si no saben quiénes somos, nos exijan anticipos importantes para poner en marcha la entrega o la fabricación de un pedido. Esto parece lógico hasta cierto punto. Acto seguido, negociamos en función de las alternativas y pagamos sin molestar a nadie. Pero resulta que, empujados por la rápida necesidad de disipar sospechas, hacemos transferencias sin verificar la titularidad del proveedor. Peor aún: tampoco buscamos información pública para conocer la situación económica del desconocido destinatario de una buena cantidad de nuestros euros.

La banca comercial vende dinero y no lo hace con cualquiera. Quiere disminuir los riesgos y cobrar, analizan datos metódicamente para predecir impagos y reducir la tasa de morosidad. Si el director de la oficina 6445 de Banca Naranja, ubicada en Valencia Norte, llama contento a su jefe para decirle que aprovechó la oportunidad y le vendió rápidamente unos 70.000 euros a la prestigiosa mercantil Iparchufla, S. L., una pyme nuevecita y especializada en «atender las necesidades de sus clientes», antes de terminar el día lo tirarán maniatado al foso municipal de cocodrilos que tienen oculto en el puerto de Sagunto.

Todos tenemos un límite de crédito, tus clientes también

Todavía hay emprendedores-vendedores que no lo entienden y venden a gusto del comprador. Insisten alocadamente en que deben aprovechar la oportunidad y se olvidan de la coherencia, esa gran correspondencia divina que a veces existe entre los elementos. Las pymes de cierto tamaño pueden asegurar sus operaciones por medio de una compañía de gestión de riesgos comerciales. El negocio lo inventaron los franceses para apoyar sus exportaciones y se llama *seguro de crédito*. Hoy los mercados internos de las mejores economías europeas disponen de este instrumento, y no todos entienden su valor a la primera. Al contrario, se enfadan cuando les llaman solicitando información para actualizar sus límites de crédito. Imagínate que eres un distribuidor nacional con almacén en Madrid de productos químicos para la industria y tus principales proveedores son alemanes e italianos. El volumen de compras anual es relativamente estable, pero has decidido abrir delegaciones en Barcelona, Valencia y Bilbao, porque ha caído tu principal competidor y sin proximidad no se obtienen los mejores pedidos. Además, ya cuentas con una plataforma *e-commerce* para captar pequeños clientes de diferentes sectores. Tienes experiencia y las previsiones para el año próximo son optimistas, conoces el mercado y tus ventas crecerán en torno al 80 por ciento. Ya ha llegado la primavera a El Corte Inglés y es el momento de hacer el periplo Madrid-Fráncfort-Milán-Madrid para visitar a tus tres principales proveedores. La buena noticia es que quieres comprarles al menos el doble, la mala es cuando te advierten que no dispones del crédito suficiente. Es decir, esos insípidos vendedores no te han recibido con halagos y sonrisas, y tampoco te van a soltar ni un bidón de hipoclorito de sodio fuera de cobertura. Primero verán hasta qué cifra su aseguradora estará dispuesta a cubrir tus necesidades y luego te pedirán un par de kilos de información actualizada. Rezarán por ti esperando que no te enfades y dispongas del capital suficiente para realizar, si el límite de crédito es inamovible, los pagos anticipados que te permitan seguir creciendo. De regreso en España, la pregunta correcta es: ¿tú tienes que hacer lo mismo con tus clientes o vender más a cualquier precio? Mejor dicho, ¿debes vender aplicando una bonificación del cien por cien para aquellos que no puedan pagarte? Es posible que ya estés en situación de contratar una póliza anual de seguro de crédito para protegerte de los impagados. Y ya sabes, también te convendrá comentar el asunto con determinados clientes para que no se enfaden cuando les soliciten ampliar información.

Pero mientras todavía eres pequeño y vas adquiriendo volumen de ventas mes a mes, tu trabajo es analizar, anticipar y negociar.

Si no te pagan, lo primero es preocuparse y lo segundo intentar negociar, no evitar el conflicto o dejar el asunto en manos de un abogado. Tampoco en las del cobrador del frac, que con tantas denuncias por acoso ya no sabe cómo disfrazarse.

O del jardinero rumano de tu organización, que es peor

Si has desarrollado la capacidad de ver el bosque, «siempre y cuando no suceda nada entre los árboles», conviene que ante una factura impagada, el primer negociador seas tú. ¿Sabes hacerlo? Tienes que mantener la calma, no sentir la situación como una amenaza a tu reinado, fijar objetivos realistas y entender que el estado de ánimo es lo que generamos con nuestra presencia. Eso te puede facilitar el diálogo y ayudar a obtener algo a cambio de los preciados billetes que te deben.

Por ejemplo, un lote de alcachofas en aceite.

Tiempo atrás, tuve un problema muy particular con esta planta herbácea cultivada desde la Antigüedad, introducida por los neerlandeses en Inglaterra, concretamente en los jardines de uno de los palacios de Enrique VIII, el villano real que se casó con Catalina de Aragón y otras cinco mujeres más. Allá por 2004, llevaba yo unos cinco años viviendo en España, cuando decidí constituir mi primera sociedad limitada en Bizkaia. Junto a mi socio canadiense de aquellos comienzos, estudiábamos diferentes mercados industriales para empresas extranjeras que evaluaban la posibilidad de abrir delegación en el país. El trabajo era muy interesante para nuestros clientes porque no nos quedábamos en la oficina a «masajear números», recorríamos la península para investigar y entrevistar a los actores importantes del sector en cuestión.

Un día hicimos negocios con un señor increíble de la ciudad navarra de Corella, que vestía siempre un traje diplomático como los amigos de Tony Soprano. Nos contrató para encontrar la mejor forma de introducir sus expendedoras de pan en Alemania. Allí fuimos, y volvimos, y seguimos yendo. Preguntamos, estudiamos, contactamos, comparamos, y todos felices y contentos. Al finalizar el encargo enviamos la factura sin ningún reparo, porque pensábamos que España no es una república bananera y aquí todos te pagan como Dios manda.

Cumplido el plazo de pago, el dinero no aparecía. Superado ampliamente el plazo de pago, el dinero seguía sin aparecer. Hasta que, sin perder la paciencia, logramos abrir una negociación algo insólita. Después de mucho insistir, por fin acordamos una buena fórmula para evitar pleitos y abogados, que en ese momento me pareció el mal menor: algo de metálico y mucha verdura. Los que enseñan filosofía práctica siempre dicen que hay que visualizar el mal mayor versus el mal menor. Así que alquilé una Fiat Ducato Maxi en Bilbao y con mi hijo Federico nos fuimos hasta Corella para cargarla de cajas y más cajas de botes de alcachofas blancas en aceite de oliva virgen extra.

Regresamos con casi dos toneladas.

Exquisitas, caras, cultivadas apasionadamente en las huertas de la Ribera de Navarra y envasadas por una marca desconocida. Invendibles al por mayor si no tienes los contactos adecuados. Todavía hoy sigo siendo el argentino que más alcachofas ha ingerido en la península ibérica.

Mi abogado no hubiese conseguido alcachofas, pero menos aún nuestro dinero.

Hay muchos inocentes acreedores a los que reclamar dinero les resulta intimidante. Consideran que estar escondidos detrás de una demanda es la mejor forma de arreglarlo todo. Y, habitualmente, eso es otro error equivocado. ¿Te has preguntado antes por qué te deben dinero? A veces los malos clientes no tienen el capital de trabajo suficiente. Entonces, mientras han agotado el crédito y la paciencia de un primer proveedor, salen a engañar al segundo de la lista, que festeja alegremente haber obtenido un nuevo pedido. Es lo mismo que ver un partido de fútbol y festejar un córner.

Otros malos clientes están al borde del precipicio y simplemente juegan con tu dinero para ganar unos centímetros adicionales antes de caerse. Si te deben dinero y por detrás existe una situación de insolvencia, un administrador con vicios o un accionar fraudulento, la demanda formará parte del negocio de abogados y procuradores, pero no del tuyo.

¿Realmente necesitas presentar una demanda para recuperar tu dinero?

Ahora sí, lloremos juntos si te hace falta, pero demandar justicia no siempre es un consejo ganador. Las demandas no imprimen billetes y los jueces tampoco. Por otra parte, los colegios de abogados establecen unas normas de honorarios profesionales o baremos de precios que han negociado exclusivamente entre ellos y nadie más. Para la mayoría de las pymes son exageradas y abultadas, y están destinadas a que los abogados puedan vivir muy bien y no compitan entre sí. Van en contra de la libre competencia y, aunque algunos las suavicen alegando un carácter orientativo, visitar la cueva de un abogado te puede salir muy caro. Perdón, quise decir la oficina.

Además, ten en cuenta que la justicia va a la velocidad del sector público, nunca jamás a la del sector privado. Esto implica que el presunto maleante que guarda tu dinero tiene el tiempo suficiente para que se le escape la tortuga y volver a encontrarla al mes siguiente.

No te vayas, que tengo que contarte la historia real del jardinero rumano

Esconderse detrás de una demanda puede ocurrir porque reclamar dinero te resulta intimidante o por otros motivos. Algunos emprendedores se consideran muy exitosos y piensan que la humildad es parte de una etapa superada. De pronto son inaccesibles para la mayoría de sus clientes o proveedores. No quieren involucrarse en asuntos menores y, para ponerse en valor, marcan el territorio siguiendo una estrategia intencionada: «las ausencias tienen significado».

Supongamos que eres el director general, el CEO o el socio fundador de la empresa Ponja Sakayama, S. L. La semana próxima necesitan tu soberbia presencia en un evento especial de por ahí, no importa cuál. Pero tú de eso nada, que ahora eres un triunfador y sigues una estrategia. Le pides al director financiero (si tienes uno, claro) que vaya por ti, que tú siempre estás muy ocupado y tal. Pues, mira por dónde, el director financiero hizo el MBA contigo y tampoco dispone de tiempo, así que le pasa la pelota al director comercial.

Pero el director comercial no es ningún boludo y ya sabe que las ausencias tienen significado. Tiene que decidir, y decide que al evento especial debe ir el jefe de ventas de la delegación del norte.

El jefe de ventas de la delegación del norte trabaja en una

nave bien cuidada de 3.000 metros cuadrados, con *parking* y parterres con florecitas. Conoce la empresa casi como nadie y en su oficina tiene dos cuadritos, uno con el certificado vencido de la norma ISO y otro con la frase «El ejemplo es el mejor instrumento pedagógico». Llama a su mejor vendedor, que aún sigue esperando el coche de *renting* que le vienen prometiendo desde el año pasado, y le pide amablemente que asista en nombre de la prestigiosa Ponja Sakayama, S. L. a tan especial evento.

El mejor vendedor está solo en su oficina y no tiene ningún peor vendedor a mano. Es tarde y su falta de opciones comienza a inquietarlo. De pronto, desde su ventana ve a Vasile, el jardinero rumano que también se encarga del mantenimiento y de ir a buscar a determinados clientes al aeropuerto. Le pide con cariño que al día siguiente vaya temprano a la Cámara de Comercio porque hay un evento sin mayor importancia. «Y tú, Vasile, callado y poco más.»

El voluntarioso jardinero rumano de la prestigiosa Ponja Sakayama, S. L., especializada en importar sigilosamente productos japoneses que todo el mercado considera fabricados con esmerado mimo en España, se presenta correctamente vestido y con la astucia necesaria para pasar inadvertido. Pero en el evento de la Cámara de Comercio de una perdida ciudad del norte de la península ibérica, entre curiosos y destacados, hay cien personas dispuestas a celebrar la humilde distinción que la señora alcaldesa quiere ofrecerles a cuatro empresas de su comunidad. El elemento distintivo es comercialmente tan útil como una medalla de goma, pero cuando le toca el turno al asustado jardinero rumano llamado Vasile, agradece la deferencia y, sin querer, les deja claro a todos los presentes que la prestigiosa Ponja Sakayama, S. L. es con orgullo el mejor importador que tienen los japoneses en Europa...

Lo escribo y todavía se me caen las lágrimas.

Aparentar, como tantas otras cuestiones, es una estrategia insostenible.

En un par de meses, la noticia ya dominaba todo el mercado y las consecuencias de ser visto como un simple distribuidor, en lugar de como un potente fabricante con la mejor tecnología nipona, no tardaron en llegar.

Vasile conservó su puesto de trabajo.

Vayas por donde vayas, la decisión de vender o de ocultarte es tuya; la de cobrar, no. Y por si mi vecina Charo no te lo ha querido decir todavía: los clientes no son de nadie.

9

La cultura se queda aquí: picotear información es otra cosa

Hay palabras llanas y sencillas, con un mismo significado en 10.000 kilómetros a la redonda. Otras mantienen íntegramente su contenido, aunque se deben ajustar a un código local específico, como sucede, por ejemplo, con el término *humor*. Pero hay palabras que tienen varios significados y están sometidas a ideologías que intentan imponer uno de ellos por encima del resto. Al margen de las pasiones políticas, son conocidas como *términos polisémicos*, y la ganadora indiscutible es la palabra *cultura*.

Si vas a poner en marcha un negocio, a entrar en un programa laboral de expatriación, a emigrar en busca de una vida mejor o a cambiar de empresa para seguir sumando experiencia, tienes que entender la cultura como una serie de usos, reglas y costumbres locales, la forma en que se hacen las cosas en un lugar determinado. Tu objetivo no es desafiar a los demás para demostrar que eres único e irrepetible, tampoco competir por imponer primero tus ideas o defender la ilustración de tu castigado pueblo. Estás ahí para interpretar las diferencias y enriquecerte con nuevas costumbres y perspectivas, para aprender que hay otras formas de ver y hacer las mismas cosas. Para comenzar a asimilar e incorporar, porque si decides rechazar o enfrentar, la experiencia será dolorosa e inútil.

Una palabra no dice nada y al mismo tiempo lo esconde todo, canta el cubano Varela

Hace años, el HSBC, un gran banco británico fundado en 1865 por un escocés para financiar el comercio europeo con China y la India, montó una publicidad gráfica en el aeropuerto de Heathrow mostrando tres bonitos saltamontes. La primera imagen del popular insecto decía Estados Unidos y un subtítulo que ponía *plaga*. La segunda correspondía a China y el subtítulo ponía *mascota*. La tercera y última era para Tailandia y ponía *aperitivo*. El mensaje era muy potente y simple: no hay una forma exclusiva de interpretar las cosas. Cuando dejas de resistirte y lo aceptas de verdad, ya estás preparado para exponerte a la cultura del otro, para volver a aportar y lograr que ganemos todos.

No quiero defender ideas políticas ni ponderar los beneficios de la globalización. El debate social sigue abierto, y hay ganadores y perdedores. Tampoco presionar para ser aceptado donde te odien más. Me estoy refiriendo a la cultura que se compone de las pequeñas cosas que ocurren a diario entre las personas.

Viajando y trabajando fuera de casa he aprendido mucho. Aquí, allá y en todas partes. Ya llevo casi veinticinco años viviendo en España. Como conté antes, me trajo un grupo familiar vasco que por aquel entonces contaba con unos novecientos empleados. Mis amigos argentinos decían que me trataban como a un sudaca *premium* y no estaban muy equivocados, aunque emigrar nunca es fácil para nadie. Al principio le daba muchas vueltas a una frase del uruguayo Jaime Roos, que en una de sus mejores canciones *(Los Olímpicos)* dice que «volver no tiene sentido, tampoco vivir allí». Trabajaba a unos 30 kilómetros de Bilbao en la matriz principal, junto a un turco de verdad llamado Volkan. Ambos éramos los únicos extranjeros de la plantilla y siempre bromeábamos con la situación: a veces parecía que nos exhibían en la recepción del edificio central, como a dos plantas exóticas traídas desde alguna selva lejana. Los compañeros de trabajo estaban expectantes con nosotros. Querían ver si definitivamente podíamos integrarnos en la Euskadi profunda y pasar inadvertidos, o éramos dos erasmus bien remunerados.

El turco Volkan y yo estábamos ahí para aportar diversidad y una forma de pensar alternativa, producida por otras experiencias y geografías. Llegamos ilusionados y acarreando nuestra propia cultura, pero antes tuvimos que hacer el esfuerzo de entender a los vascos y sus costumbres. Al comenzar este siglo, si eras directivo, financiero, administrativo con pretensiones o comercial en busca del éxito, el traje con corbata todavía era el uniforme adecuado para que te tomaran en serio. Esto para mí no suponía ningún problema, estaba muy habituado y hasta disfrutaba de vestir las marcas más elegantes, pero en la capital vizcaína y sus alrededores existían ciertas restricciones. Los hombres solamente utilizaban dos colores exclusivos: gris tragedia o azul Bilbao. Nada de marrones, tostados, verdes, celestes, tonos cremas o pasteles. O cambiabas de armario o eras un inadaptado. Las comidas o cenas eran habituales en mi trabajo y comenzaban con una ronda previa por cuatro o cinco bares de la ciudad para beber, en cada uno y sin demora, un vino tinto crianza o un blanco Rueda. Al principio les preguntaba por qué no beberlo todo en el mismo bar y no salir pitando de cada uno. «Qué cosas tiene el indio argentino», comentaban. Si un fin de semana me encontraba ocasionalmente con algún compañero y me saludaba preguntando «Hombre, ¿cómo te va?», yo daba rienda suelta al corazón y le contaba una parte de mi vida. Fue mi amiga Carmen la que un día me dijo textualmente: «Néstor, a nadie le importa cómo te va, tú tienes que responder que muy bien y poco más. No justifiques, no expliques ni jamás cuentes». Dicen que los zapatos nuevos nunca brillan como en la plaza de un pueblo y, por lo tanto, he tenido que aprender a callar porque Bilbao es pequeñita y no tiene justa comparación con mi Buenos Aires querido, una ciudad gigante y abarrotada de gente anónima.

El abogado escritor Dov Seidman aporta una visión específica para definir la cultura empresarial. Entiende que es la forma en que las cosas realmente funcionan en una organización. Es el carácter propio que vive en cada logro de la empresa, en cómo sus integrantes hacen frente a la adversidad y manejan el crecimiento. También en cómo toman las decisiones difíciles y celebran las victorias. Asegura que la cultura empresarial crece en torno a un grupo concreto de personas, es exclusivamente suya y no puede copiarse.

Trabajar en España durante cinco años como directivo en la empresa principal de un grupo familiar vasco fue una experiencia interesante. Ellos fabricaban sus productos y competían con los grandes de Europa. Pero para lograr resultados no bastaba con disponer de los mejores medios de producción e imitar acertadamente a los rivales, se necesitaba algo más poderoso y concluyente. Y lo tenían a la vista: no era otra cosa que una cultura muy alemana, muy orientada a la investigación y al desarrollo. Los ingenieros constituían una fuerza poco habitual para una organización de ese tamaño y su poder de influencia superaba a financieros y comerciales. El lanzamiento de productos tecnológicamente avanzados sorprendía a sus grandes competidores, multinacionales suizas y francesas que no tenían una respuesta inmediata para defenderse. La cultura técnica promovida por aquel magnífico equipo de ingenieros ofrecía todas sus ventajas a la hora de analizar átomos y principios físicos, pero resultaba un hándicap cuando había que comprender que el mundo también está hecho de historias. Vivían en el universo material, respetando sus jerarquías, y culturalmente no creían en el mundo conceptual. No podían estimar el tamaño de un mercado, porque la presunción de que un número debe ser un indicador exacto era intocable. Ahí estaban sus principales desventajas y adaptarse no era simplemente cuestión de tiempo. Recuerdo, por ejemplo, la rigidez insólita de las plazas de parking y las controversias que se provocaban. El orden de importancia de cada directivo estaba determinado por la proximidad de su plaza con respecto a la entrada principal. El número uno venía cada tanto y aparcaba más cerca que nadie. Eso era lo correcto. Mi incorporación había supuesto el desplazamiento de dos directores para que la plaza de *parking* representara la jerarquía de mi posición en la empresa, un hecho polémico que desconocía y que tenía más importancia de la debida. Nos mirábamos con respeto desde distintos andenes; me aceptaban porque había trabajado con sus competidores europeos y los antecedentes me favorecían.

Muchos critican el intervencionismo habitual de los franceses con cierta ironía: «si no está roto, lo arreglamos». El padre Brown, aquel famoso personaje del escritor Gilbert Chesterton, decía que «los franceses electrizan el mundo, no lanzando una paradoja, sino realizando una evidencia». Mago More acostumbra a preguntar a sus amigos si conocen la diferencia entre los franceses y el resto de los europeos... Cuando tú te pones a pensarlo, te responde que no hay ninguna, ¡pero los franceses aún no lo saben! Más allá de las bromas, los galos son muy suyos y sus empresas tienen una cultura estratégica que pocos pueden igualar. Pero, ya que estamos, empecemos por el *parking*. Trabajé para una multinacional francesa y, en una de mis visitas habituales a Grenoble, el jefe del jefe de mi jefe vino por la mañana a buscarme al hotel Europole. El tío tenía a su cargo una división de cinco mil personas y seguramente aparcaba la *voiture* dentro de su propia oficina. Llegamos temprano y, para mi sorpresa, dejamos el coche a cien metros de la entrada principal. Su respuesta no está al alcance de cualquiera: «Néstor, hemos llegado con el tiempo suficiente y es mejor que las últimas plazas disponibles estén más cerca de la entrada principal. De esa forma, ayudamos a todos aquellos que por motivos familiares vienen con retraso». Es decir, el parking no era el lugar adecuado para establecer la jerarquía dentro de la organización: esta gente pensaba distinto y tenías que cambiar el chip. Pero no es tan fácil. A la hora de planificar y solicitar recursos para llevar adelante un proyecto determinado, la costumbre adquirida entre ibéricos te invitaba a exagerar. Si te hacía falta una camioneta, pedías dos; si necesitabas tres personas, pedías siete; si había que realizar cinco viajes, presupuestabas doce; si podías ejecutarlo en tres meses, decías cinco. Ya conocías la película: después venía el jefe y te daba una motocicleta, dos becarios, tres billetes de avión, doce vales de comida y te exigía que lo hicieras en ocho semanas, y además que le garantizaras los mismos resultados. La cultura empresarial francesa es distinta y al principio tú estás tan perdido como el sordo Bernardo en mitad de un terremoto. En aquella ocasión, los franceses tuvieron paciencia conmigo e intentaron explicarme las diferencias, porque había mucho que desaprender por mi parte. Por ejemplo, que era muy probable que me asignaran los recursos que solicitaba y, por lo tanto, exagerar me podía meter en problemas.

Mi equipo era una mezcla de juventud y experiencia, y adaptarnos no era igual para todos. En una ocasión pusimos en marcha un proyecto especial que fue muy exitoso y terminó exportándose a varias filiales internacionales. Se trataba de una nueva familia de interruptores eléctricos, tecnológicamente avanzados y con mayores prestaciones que los habituales; el gremio de electricistas reconocía sus capacidades técnicas, pero no los compraba. Para encontrar la verdadera razón, hubo que investigar, dejar de lado las opiniones que le echaban la culpa al precio y rascar algo más que la superficie. Entonces el problema de base se hizo evidente: los instaladores llevaban muchos años utilizando la misma marca y sabían manipular e incorporar accesorios a sus interruptores de toda la vida. Somos los nuevos, ¿qué hacemos? Imprimir instrucciones de montaje a color o bajarles el precio a los intermediarios no era la solución, el asunto estaba en que pudieran meterle mano cuanto antes a nuestros cacharros. Y cuidando de no subestimar ni ofender a nadie, eso hicimos. El proyecto se llamó TBT-3000 y su objetivo era que los instaladores hicieran prácticas de montaje en un taller rodante que cambiaba de ciudad cada semana. Tenía tres puestos de trabajo para esconder el que realmente nos interesaba y, en menos de tres horas, quince electricistas rotaban por cada uno de ellos en grupos de cinco. Las ventas comenzaron a subir rápidamente y la fuerza comercial quería más y más talleres.

Logísticamente, organizar un proyecto de este tipo requería tres personas y alquilar un furgón de los grandes con cierto equipamiento incorporado. Dejando de lado el presupuesto, que era mucho menor a lo que estarás calculando tú ahora, se trataba de un «producto interno básico de apoyo» (PIBA), que mi equipo de marketing operacional desarrollaba para la dirección comercial. Es decir, no se trataba de un proyecto ejecutado por vendedores como te podrías imaginar, porque en la cultura comercial francesa, más conceptual y estratégica, la visión del comercio a veces es distinta. Esto te lo cuento al final, ahora seguimos montados en el furgón.

Cuando un francés nacido en Francia me pidió que duplicara la cantidad de talleres que hacíamos por semana, un tanto desconcertado le anticipé que necesitaría alquilar otro furgón y contratar a tres personas más. Su respuesta fue inmediata: «Por supuesto, Néstor, si te pido el doble de resultados, te tengo que ofrecer el doble de recursos». Estaba desaprendiendo y aprendiendo, porque *cultura* es cómo funcionan las cosas en una organización determinada. Muchos consultores hablan de la importancia de establecer sinergias y trabajar en equipo y cuestiones similares. Mi experiencia laboral con alemanes y franceses fue enriquecedora y gratificante, sus culturas empresariales van un paso por delante: alinearse es la meta común. Después vendrá la comunicación, la metodología, la capacidad estratégica de anticiparse y lo que quieras. ¿Cómo lo hacen? La respuesta no es nada sencilla y seguramente confluyen factores que tienen que ver con la educación y la construcción de sus sistemas sociales.

Alinearse no es habitual entre ibéricos y sus sucesores, los iberoamericanos.

Podemos entenderlo como un verdadero consenso, como esa capacidad de forjar un objetivo común, de compartirlo y comprometernos, de perseguirlo entre todos. El punto de partida es explicarlo y argumentarlo, incluso adaptarlo a un contexto. En algunas culturas empresariales, el propósito es imponer sin más trámite un objetivo común. Esto habitualmente da lugar al sabotaje y la anarquía por parte de los inconformistas afectados, creando un conflicto oculto que termina dilapidando demasiada energía. Soy un iberoamericano nacido en Buenos Aires y no quiero negarlo, tampoco defender mi bandera por encima de cualquier situación. Mi padre, el ingeniero de la familia, cursó su vida laboral entre alemanes y esa cultura terminó salpicando a sus hijos. Pero, sin buscarlo, el hecho de ser el primogénito expatriado me dio la posibilidad de hacer muchas comparaciones. De aprender, desaprender y volver a aprender. En las empresas alemanas y, en especial, francesas con las que me topé en mi camino, la necesidad de alinearse bajo un objetivo común no era solamente una cuestión de palabras. Ése fue el primer aprendizaje, ésa fue mi experiencia personal.

Para trabajar como un anarquista, necesitas hacer muchos menos esfuerzos que para alinearte con alguien. Esto no es un problema si el equipo eres tú y un ordenador de a bordo. Pero si te infiltras en una organización grande o pequeña, tu derecho a cambiar de idea o de objetivos cuando te dé la gana es una desventaja para la mayoría. Te digo más: es un derroche de energía formidable, es el regalo que cualquier competidor estaba esperando. A los franceses les costó tiempo alinearme, tuvieron paciencia y buenos argumentos para tratar con un perfil atípico como el mío. Sabían que era un emprendedor criogenizado en fase de perfeccionamiento y que debía desaprender para sacarle provecho al experimento. A veces pienso que me han acostumbrado mal. Las reuniones tenían el tiempo justo y, si había que suturar heridas, podían comenzar con un espacio acotado para criticar y maldecir. Al finalizar, cada uno cumplía con lo pactado, aunque no estuvieras totalmente de acuerdo o tu posición hubiera perdido un intenso debate. Extraño esa forma de trabajar. Si caigo en un lugar donde después de pactar tareas, alguno espera una semana para decir «es que yo no lo hice porque realmente no estaba de acuerdo», o cualquier excusa parecida, tengo claro que habrá mucho por hacer y se necesitará bastante energía para avanzar.

El que se va sin que lo echen, vuelve sin que lo llamen

En la empresa principal del grupo familiar vasco, las reuniones del comité de dirección eran interminables, polémicas y desordenadas. Sólo éramos ocho personas y la toma de decisiones era para asuntos menores, porque la última palabra nunca estaba presente y todos aceptaban las reglas del juego. Siempre recuerdo las intervenciones del CGP, el coordinador general de proyectos, el ingeniero a cargo de impulsar los proyectos de I+D en curso e informar al excelentísimo comité de dirección de la situación de cada uno de ellos. El pobre cada día estaba más flaco y confundido. No tenía ninguna autoridad sobre los jefes de proyecto, pero era el responsable de los retrasos y las desviaciones presupuestarias. Lo machacaban unos y otros, y su trabajo era un absurdo modelado por la arbitrariedad. No era el único en la organización en asumir la responsabilidad y estar obligado a liderar un equipo, pero sin tener ninguna autoridad. Cada tanto me divertía diciéndoles que, si los vascos hubiesen creado a Superman en lugar de los estadounidenses, el hombre de acero habría nacido en el pueblo minero de Gallarta y sería de hierro forjado, vestiría una malla gris tragedia con el grabado de la ikurriña en el pecho y no volaría hasta que todos estuvieran cooperativamente de acuerdo. Solamente el Cinzano Rosso lo debilitaría y sus poderes se limitarían a cortar troncos y levantar piedras cúbicas de 500 kilos.

Las distintas culturas comparten muchas costumbres, es verdad.

Fíjate en lo que sucedió cuando empezó la pandemia de la COVID-19. En España, Alemania, Países Bajos, Inglaterra, Francia e Italia, en un par de semanas los hipermercados se quedaron sin papel higiénico. Esto evidencia que mantener el culo limpio es importante para la mayoría de los europeos, incluso más que acaparar agua mineral o dinosaurio líquido. En Japón, el único pueblo que ha soportado un par de bombas atómicas antes de consolidarse como la tercera economía mundial, tanta COVID y tanta mascarilla han dejado cierto temor a la sociabilidad directa, al contacto físico. Actualmente muchos japoneses tienen miedo a sonreír y eso supone una alteración de su código de conducta social: *tatemae* y *honne*. El primer término tiene relación con la forma en que muestran sus sentimientos y opiniones en función de las obligaciones sociales del entorno. El segundo es intimidad, e implica sentimientos y opiniones reales. Es decir, la máscara exterior y el verdadero sentir interior. Una dualidad cultural milenaria oculta para los ojos ajenos, que contribuye a evitar conflictos y promover la armonía social. Pero la COVID-19 hizo lo suyo y sin sonrisas no hay *tatemae* ni paraíso.

Curiosamente, todos los europeos reconocemos el valor del cuarto de baño como una parte importante de nuestro estilo de vida, aunque no comemos lo mismo. Somos parecidos y más o menos imperialistas, entendiendo los imperios como esas unidades políticas sujetas a la necesidad de ocupar una posición suprema en los ámbitos donde se compara el poder, el prestigio y la tecnología. Pero parecido no es lo mismo. No todos los países hacen imperios empresariales de la misma forma y eso es evidente para los observadores que dejan el sentir patriótico a un lado. Imagínate que eres uno de los socios de la cervecera de Román, esa que se llama Jatape y está ubicada en Maruri. Tienes un restaurante que ofrece el mejor pollo asado de Bizkaia y con los años has consolidado buenos proveedores y clientes fieles. Lideras un equipo de trabajo sólido, has superado las restricciones impuestas por la pandemia y has regresado a la senda del crecimiento. ¿Quieres ir a por más? Pues antes de que lo pienses, te ofrecen la posibilidad de abrir El Rincón de Jatape en una estupenda zona de la ciudad de Bilbao. Todavía estás en edad de merecer y las condiciones son muy interesantes, sin duda conoces el negocio y se trata de una verdadera oportunidad. Aunque la hostelería nunca es tan sencilla como parece...

Gestionar dos localizaciones es otra cosa, y lo tienes claro, pero no sabes cómo hacerlo, no tienes la experiencia. Tampoco vas a llamar a un consultor para que te explique algo que nunca ha hecho antes, y tu asesoría contable, laboral y fiscal, a pesar de la superioridad insultante que habitualmente manifiesta, está muy por debajo del desafío. Has vivido siempre entre los tuyos y, por lo tanto, has incorporado una serie de usos, reglas y costumbres. Es decir, en la cervecera de Román, esa que se llama Jatape y está ubicada en Maruri, un pueblo vasco de Bizkaia (España), las cosas funcionan como lo hacen allí. Ahora imagínate que, después de un par de rondas de cubatas, se te ocurren tres opciones.

Primera opción más probable: a ti que no te vengan con problemas. Tú lo tienes claro: no puedes dejar todo y marcharte a Bilbao. De ninguna forma quieres desestabilizar el equipo que lideras en Maruri y decides contratar un encargado para el nuevo local. Lo tendrás un mes trabajando contigo, le dirás que sea bueno, que debe aprender lo suficiente y observar bien cómo hacen las cosas en la cervecera Jatape, que ambos seréis felices mientras se gane dinero.

Segunda opción menos probable: quieres evitar problemas. Esto de dejar en manos extrañas un nuevo local te parece el error equivocado. El funcionamiento y las costumbres del restaurante de Maruri son la clave del negocio y no se aprenden en un mes. Decides ofrecerle el puesto de encargado de Bilbao a tu segundo de a bordo, quien lleva trabajando contigo más de cinco años y sabe muy bien cómo hay que hacer las cosas para tener clientes contentos y ganar dinero. Esto supondrá desajustar por un tiempo el equipo de la cervecera Jatape, pero tú seguirás al frente y eres la garantía necesaria para incorporar más personal, formarlo adecuadamente y volver poco a poco a equilibrar el equipo.

Tercera opción menos probable: sigues queriendo evitar problemas. Esto de dejar en manos de tu segundo un nuevo local es una buena posibilidad, pero eres tú quien necesita aprender a gestionar una eventual expansión y a contrastar las exigencias de los clientes de Bilbao, una ciudad turística que requiere ciertas adaptaciones para ofrecer una oferta ajustada a públicos diversos. Decides finalmente ponerte al frente y confiar en tu segundo, al menos por un tiempo, para que sea él quien lidere el equipo de la cervecera Jatape, la de Maruri de toda la vida.

¿Cuál es la mejor opción que seguir? Buena pregunta, che. Culturalmente, la mayoría de los ibéricos eligen la primera y descartan de plano las otras dos. Muchas pymes europeas, en cambio, se decantan por la segunda, y todos aquellos que apuntan a la apertura de un tercer y cuarto local se deciden directamente por la tercera. La razón no es otra que los usos y costumbres de cada lugar: los ibéricos somos menos imperialistas y más conformistas, no aceptamos fácilmente los cambios. En comparación, nuestras pymes son pequeñas y no tenemos la preparación adecuada para gestionar, delegar y vender a mayor escala. No estamos habituados a considerar una expansión. Dirigimos en persona el día a día de nuestros negocios y delegar la máxima responsabilidad nos cuesta mucho. Como dicen los psicólogos, nos cuesta salir de nuestra zona de confort. Ahora bien, por experiencia te digo que la primera opción trae un problema añadido: te conduce a desgastar a la gente y a sufrir la rivalidad entre autonomía y subsidiariedad. No enciendas las alarmas y sigue leyendo que te voy a contar algo basado en hechos reales, no en tonterías ideológicas.

¿Puedes transferir en un mes el saber hacer de tu negocio a otra persona? La respuesta es no. La cultura de la cervecera Jatape no se aprende en un mes y, seguramente, tu futuro encargado pasó una semana contigo y el resto con cualquiera que le prestara un poco de atención. El día a día es un tirano que no entiende de tranquilidad o de formar al personal. Un sábado inauguras El Rincón de Jatape en Bilbao y el inexperto encargado hace lo que puede. Cada vez que te llama le das un par de indicaciones, le recuerdas que estás muy ocupado en Maruri y le dices que tiene que ser autónomo y resolver los problemas.

Autonomía es la capacidad de valerse por sí mismo, de darse normas sin influencias externas. Pero para realizar la tarea que tiene por delante, tu nuevo encargado no está preparado. Los primeros meses necesita apoyo firme y constante, no que lo dejéis a su aire, porque apenas puede respirar. El pobre hombre terminará ahogado en el intento y ahuyentando a los clientes. Tú, cabreado y preocupado, lo echarás a la puta calle para buscar urgentemente otro encargado. ¿Habrás aprendido algo? Es muy probable que al segundo nuevo no le dejes cambiar un barril de cerveza sin que tú lo sepas. Que no pueda pedir más de dos kilos de café sin tu permiso o hablar directamente con el proveedor de artículos de limpieza. Esta forma de gestión es una reacción a la falsa autonomía del encargado anterior y tiene que ver con el principio de subsidiariedad: como organización superior, ahora te estás adjudicando decisiones que pueden ser realizadas perfectamente por un organismo inferior. Es decir, al segundo encargado le estás robando sus responsabilidades y poco a poco vas rodando hacia el punto de partida: se marchará frustrado y vuelta a empezar. Llegado este momento, buscarás equilibrar lo aprendido con la elección de un tercer encargado. O quién sabe, quizá con otro par de cubatas te pones a debatir contigo mismo sobre la conveniencia de instrumentar alguna de las otras dos opciones.

Nuestros usos, reglas y costumbres también viajan.

Hay pymes que desarrollan musculatura y evolucionan hacia

el exterior. Por ejemplo, abren una filial comercial en Colombia o en México y, a la hora de elegir un responsable, se enfrentan a las mismas tres opciones que la cervecera Jatape, la de Maruri. Y les ocurre algo similar: pasan por varios delegados locales que van sufriendo la rivalidad entre autonomía y subsidiariedad. Pero un día aprenden y deciden dejar de perder dinero, desplazando a uno de los suyos para ponerlo al frente del negocio, al menos hasta decodificar las características de un nuevo mercado y transmitir la cultura de la central al futuro responsable local. No obstante, hay veces que la cosa no termina ahí. Los ibéricos y sus sucedáneos iberoamericanos tenemos cierta admiración por los intermediarios. Digamos que se trata de un respeto exagerado por los distribuidores y otros agentes similares que integran el canal de la intermediación. Les damos exclusividades que no son recíprocas y les entregamos alegremente el control de nuestra estrategia comercial. Y a veces exportamos sin quererlo esta forma de hacer comercio, incluso si somos buenos fabricantes de productos industriales.

Si quieres una explicación rápida, te digo que esto guarda relación con la falta de metodología comercial que nos induce a pensar que la esperanza es una buena estrategia.

Pero de eso hablaremos en el siguiente capítulo.

Antes te voy a explicar el PIBA: el producto interno básico de apoyo

Hay culturas empresariales que consideran que el marketing es poco más que hacer catálogos, un bonito *stand* para una feria, llevar las redes sociales y otros aspectos relacionados con lo que llaman comunicación. Entienden, en cambio, que la mercadotecnia es analizar, y que el mercadeo es hacer estadísticas. En origen, las tres palabras significan lo mismo. Pero las diferentes interpretaciones, acertadas o no, conviven y son unas cuantas. Me voy a centrar en una muy concreta: mientras que para algunos el vendedor es el responsable de hacerlo todo, para otros hay que apoyarlo mediante una capa de reflexión situada a cierta distancia. Esto implica desarrollar una visión más operacional del marketing, más ligada a la aplicación de una estrategia. ¿Contar con un personaje que haga las veces de jefe de producto? Esta figura hace más de sesenta años que fue inventada, pero sus detractores aseguran que una pyme no puede destinar tantos recursos a vender, el coste comercial debe estar siempre muy delimitado. Pero ¿y si están equivocados?

Durante un par de años colaboré con una consultora pequeña. Eran profesionales y se especializaban en *lean manufacturing*, una serie de técnicas para optimizar procesos de fabricación y eliminar actividades que no aportan nada de valor. Por supuesto, no estaban solos en el mercado, su principal competidor tenía fama de ser un verdadero experto. Vender proyectos de consultoría siempre es complicado. Se trata de soluciones intangibles que requieren credibilidad, llevan su tiempo y la inversión para el cliente puede ser importante. Contaban con dos ingenieros industriales que elaboraban presupuestos fáciles de entender. Visitaban y hacían presentaciones bien organizadas, dejaban magníficos catálogos y también unos bolis muy chulos. Tenían buenas referencias, su sitio web funcionaba, pero no obtenían los resultados esperados. ¿Había que regalar agendas para fin de año? ¿Mejorar los catálogos? ¿Bajar los precios? ¿Pedirle al comisionado Gordon que suba a la azotea y encienda la bat-señal? El problema estaba en otro lado. El negocio de la consultoría es complicado y los inexpertos abundan. Esto genera desconfianza y muchos clientes han tirado el dinero a cambio de botellas vacías y orientaciones confusas. Encargar un proyecto de *lean manufacturing* es una decisión importante y hay que estar muy seguro de que te venderán algo que realmente saben hacer. Pues ahí estaba la clave, ¿cómo podían demostrar que sabían? La solución fue desarrollar un producto interno básico de apoyo (PIBA) para sus dos ingenieros industriales. Hubo que pensar, reflexionar y ensayar más de seis meses para poner en marcha una simulación práctica que permitiera fabricar algo tangible en poco tiempo y en un espacio reducido. El producto final fue un taller en el que catorce potenciales clientes participaban durante nueve horas para producir un automóvil de serie. La fábrica era una sala de 100 metros cuadrados organizada por secciones. Utilizando una cantidad considerable de piezas Lego, instrucciones de fabricación y puestos de trabajo, cada tres horas se completaba un turno de producción. La diferencia estaba en dos aspectos: la rotación de la gente y la introducción progresiva de técnicas de *lean manufacturing* que mejoraban considerablemente la capacidad de producción y la reducción de procesos sin valor. Es decir, todos los participantes iban cambiando de puesto de trabajo y descubriendo las ventajas de la metodología. Pero lo más importante: confirmaban sin lugar a dudas que aquella pequeña consultoría sabía que se podía confiar en ellos.

El taller fue un gran éxito, lo mismo que el TBT-3000, del que hablé unas páginas atrás. En este caso, participar tenía un coste y eso servía para cubrir los gastos. Se realizaba mensualmente en distintas ciudades, a veces participaban varias personas de una misma empresa y la venta de proyectos se disparó.

Te aseguro que diseñar un producto interno básico de apoyo no está condicionado por los recursos.

Las claves son otras: análisis, reflexión y esfuerzo.

10

Perdidos en el mercado: sin estrategia no hay paraíso

Siempre digo que con las ganas se puede llegar hasta el aeropuerto. Que la improvisación es la fuerza divina que te permitirá encontrar la puerta de embarque y que, si a ti te mueve el empuje motivacional, en el mar de las gaviotas el agua te llegará hasta las rodillas mientras no suba la marea. Los expertos aseguran: querer es poder, la voluntad es el motor fundamental para alcanzar el éxito. Esto es conmovedor, emocionante. Y te lo puede decir tu abuelo a cambio de un par de buenos puros Vegafina Perlas.

Ahora bien, si realmente quieres volar, navegar o salir a dar pelea en un mercado, también te hará falta una buena estrategia.

La palabra tiene un origen militar, «el arte de dirigir ejércitos», y en el mundo moderno la utilizan los unos y los otros hasta el hartazgo. Los consejeros delegados y los grandes CEO de las potentes multinacionales globalizadas saben de su importancia y contratan a prestigiosas consultoras internacionales para salir de dudas y reflexionar lo suficiente antes de actuar. Porque gracias a tanto *management* estratégico, las distintas escuelas de pensamiento han intentado imponer su propio enfoque exclusivo, confundiendo alegremente a cualquier líder debidamente preparado y en edad de dirigir. Según sus críticos, han convertido la formulación de estrategias en una jungla de visiones sesgadas, exageradas e incompletas, que luchan por tener razón hasta morir. Por suerte o por desgracia, ése no es el problema de un emprendedor o del responsable de una pyme. Para ellos y para ti, la cuestión es muy sencilla: ¿qué es la estrategia?

La pregunta es importante y necesitarás información para obtener la respuesta. Pero no nos pongamos en guardia y tampoco vayamos todavía a salir de paseo por el mercado. Quiero ofrecerte un par de definiciones prácticas y varios ejemplos imperdibles, siempre basados en hechos reales.

Me gusta ver la estrategia como un patrón de conducta a lo largo del tiempo

Esto actúa como un contenedor para los amigos del desorden y la improvisación. Aporta coherencia y no impide cierta flexibilidad y adaptabilidad cuando hay que reaccionar ante los sucesos inesperados. También me gusta verla como una posición o ubicación precisa en un segmento determinado del mercado. Eso obliga a centrar esfuerzos, a dejar los sueños de lado y asumir tus capacidades internas en relación con las posibilidades externas. Es decir, a ser realista, buscar la concordancia y administrar con criterio el capital disponible.

Segmentar es la materia prima de una estrategia

Si no lo sabes o sigues insistiendo en que tu mercado es de locos y todo se vende por precio, vas a ir perdiendo dinero poco a poco para intentar competir por la demanda. O permitiendo que sean los costes los que determinen el precio de venta. Los segmentos están ahí, aunque tú no quieras reconocerlos y para los nuevos modernos se trate de un concepto superado. Los nichos también existen y comenzaron siendo las partes desatendidas y supuestamente más rentables de un segmento, pero hoy ambos conceptos se confunden con gusto.

Algunos dicen que las buenas estrategias establecen una dirección que seguir y son una forma de coordinar el esfuerzo de organizaciones grandes o pequeñas. Estoy de acuerdo siempre y cuando no existan controles rígidos y procedimientos exagerados, generalmente innecesarios en una pyme. A veces la pasión por fiscalizarlo todo termina inmovilizando a los innovadores o empujándolos a emigrar hacia la competencia.

Los antiguos aseguraban que la simpleza es la esencia del buen arte. Si tu equipo debe permanecer quieto durante media hora para escuchar y entender la estrategia, es que tú no tienes muy claro el negocio o eres un planificador sediento de números. Cuando se trata de una pyme, las dos situaciones son un problema. Sentarse a fabricar estrategias en una oficina, aislado y rodeado de documentos, puede resultar temerario; preocuparse de hacer cumplir la planificación caiga quien caiga es orientarse inflexiblemente al análisis financiero. Y eso es un riesgo porque habitualmente conduce a imaginarte que las empresas ganan dinero administrando dinero. Además, hasta Bob Esponja sabe ya que los planes estratégicos a largo plazo son inservibles y que la planificación muchas veces se utiliza para esconder cierta ignorancia o con la intención de ejercer el control, que no es lo mismo, pero hace un daño parecido. Y si quieres controlarlo todo, tus amigables competidores siempre te lo agradecerán, porque irás demasiado lento.

Al nivel terrenal, para un emprendedor de a pie o de una pyme, pronosticar el futuro es complicado. La capacidad de inventar artilugios o crear nuevos mercados no es hereditaria. Las nuevas tecnologías están haciendo realidad la ciencia ficción. Esto no tiene por qué ser una limitación para los que buscan algo más que un buen trabajo. El reparto está garantizado: unos señores inventan el microchip, y los demás, sus modestas y efectivas aplicaciones. Mientras tanto, algunos hacen proyectos de ingeniería, elaboran aceite de oliva o venden ofimática por internet. Pero a todos les hará falta reflexionar, anticiparse y crear una buena estrategia partiendo de la pregunta ¿cómo lo haremos?, en lugar del inesperado ¿cómo lo hemos hecho?, o, peor aún, del infortunado ¿qué hemos hecho? Por supuesto, siempre nos podemos copiar los unos a los otros e intentar ser diferentes de la misma forma. Lo que no puedes hacer es actuar por actuar y pensar únicamente una semana antes de la Nochevieja. O dejar el asunto en manos de los que no conocen tu negocio para que jueguen, previo pago de honorarios, con alguna de tus mejores opciones. Tampoco hacerles caso a las chorradas impuestas por metodologías corporativas, como aquella aparecida con el cambio de siglo, que te iluminaba el porvenir a cambio de identificar la misión, la visión y los valores de una organización condenada al éxito gracias al fecundo valor aportado por sus accionistas. Un par de décadas antes, la moda les rompió la cabeza a varias generaciones de emprendedores al infundirles la idea de que delimitaban erróneamente sus estrategias en función de sus productos o tecnologías. A partir de las iluminadas advertencias, grandes y pequeños comenzaron a redefinirse de las formas más insospechadas: un proveedor de rodamientos industriales reducía la fricción, el que producía *boogies* para el ferrocarril estaba en el negocio del transporte y mi amigo Juan, el de la tornillería de toda la vida, siguió con la tendencia y ahora es fabricante de elementos de fijación metálicos. Pero solamente de tornillos y bulones, los pernos deben esperar.

Unas cuantas palabras ingeniosas no determinan una estrategia

Y una perspectiva de mercado nunca puede estar por encima de tus capacidades internas, especialmente cuando se trata de una pyme.

Soy de los que quieren simplificar las estrategias, pero no subestimarlas. De los que van por las calles investigando y recopilando información de primera mano, porque el proceso de aprendizaje desempeña un papel clave y no me gusta comprar conceptos de segunda mano.

No delego jamás mis ojos, no quiero sustitutos

Si tienes una pyme, tú tampoco deberías hacerlo. Quiero hacer el trabajo de campo yo mismo. Analizar y reflexionar sin prisa, pero sin pausa. No me gusta salir de paseo por el mercado a mostrar un producto y dejarme llevar por el primer intermediario que me hace un buen pedido. Ya no caigo en esa trampa, primero quiero observar. Formulo las hipótesis iniciales, y voy haciendo visitas y preguntando sus necesidades a los distintos actores, muy especialmente a los usuarios. Me lleva un tiempo identificar los diferentes segmentos y hacer ejercicios conceptuales hasta diseñar una estrategia deliberada. ¿Y todo eso para qué? Para aplicarla pacientemente durante mil días e ir haciendo los ajustes necesarios y convenientes. Lloremos juntos si el camino te parece largo, pero el proceso de aprendizaje no se detiene. Por el contrario, avanza a mayor velocidad, y a medida que sabes por dónde tirar, la brújula es un instrumento mucho más útil.

Las cosas no resultan tan evidentes, y el entorno no es una naranja, no se puede arrancar de un árbol para exprimirlo cuando tú quieras. En ocasiones, la situación del negocio se vuelve confusa. Algunas veces las condiciones cambian de forma inesperada, y la incertidumbre ya no parece un abanico de posibilidades. Pero en otras, es la aplicación de la estrategia la que se resiste a dar resultados. Sé por experiencia que esto último es lo más habitual y ocurre por una sencilla razón: tu visión de partida era muy teórica, muy apasionadamente tuya. La falta de paciencia y la ansiedad por vender son un problema. Queremos poner en marcha el negocio aquí y ahora, y no tenemos tiempo para perderlo en conjeturas, que hay mucho trabajo por delante, joder. Pero la madre superiora de los problemas estratégicos está por llegar. Y sus consecuencias son aún mayores que una visión muy teórica o la falta de paciencia. Me refiero a dejar la formulación de la estrategia exclusivamente en manos de los vendedores, algo muy habitual en las pymes. Porque con la excusa de que ellos saben y conocen el mercado, muchos emprendedores han vaciado sus bolsillos a cambio de promesas y espejitos encantados.

«No podemos vender porque vamos caros»

Con esa famosa frase también se comete uno de los errores equivocados más repetidos en las pymes sin paraíso a la vista. Ha llegado la hora de pensar estratégicamente, sin dejar a ninguno fuera de la sala de reuniones. Ve al salón, sírvete una copa y ponle un poco de imaginación, que voy a contarte un par de historias...

Estamos en 1986, España y Portugal ingresan en la Comunidad Económica Europea, sale al mercado el ordenador Macintosh Plus de Apple y Argentina gana su segundo mundial de fútbol. Somos los fabricantes de las prestigiosas cajas fuertes para depósitos de efectivo, marca PalangaNazo, conocidas por su blindaje antitaladro al manganeso y por sus magníficas bisagras ocultas que ningún atracador puede ver. Obviamente, tú tampoco. Nuestro modelo TDK-525 es el preferido por las tres mil gasolineras españolas del grupo Repsol, que conforman la red de estaciones de servicio más importante del país ibérico. Estamos condenados al éxito, pero queremos más. El negocio de proteger el efectivo (o dinero en metálico) es muy interesante y, a pesar de la difusión de las tarjetas de crédito, resulta ser el 40 por ciento de la recaudación semanal de cualquier gasolinera. Eso es mucho y, además, se necesita tenerlo físicamente en el banco puntualmente todas las semanas, para recibir los viernes al camión de combustible. La refinería no te descarga ni una lágrima si no se paga por adelantado. Esto supone que, discretamente, la empresa de transporte de fondos y logística de valores JuntoTela, líder del mercado, recoge dinero en una considerable cantidad de gasolineras y lo entrega todos los jueves en su destino final, la central regional de ToToBank, el preferido del sector de venta al por menor de carburantes. La necesidad de disponer de dinero físico en cuenta corriente para reponer dinosaurio líquido es uno de los valores claves del modelo de negocio de JuntoTela. El servicio de recogida semanal no es nada económico, pero al menos es eficiente, seguro y no hay otra alternativa.

Bueno, no había.

Nuestros ingenieros del departamento de investigación y desarrollo tienen un proyecto que puede cambiarlo todo. Sus informáticos han creado una caja fuerte mágica, la PalangaNazo Speedy TDK-Plus, un producto revolucionario que incorpora un supersoftware inédito. Mediante una red encriptada *peer-to-peer* con cifrado multicódigo y seguridad aumentada (mi primo Carlos Boichenco dice que no tiene igual), ahora el gasolinero en jefe puede introducir el dinero por la ranura frontal de la caja y, atención con esto, un dispositivo lector lo cuenta y, a las 24 horas de ese mismo día, ToToBank lo acredita virtualmente en su cuenta corriente. Es decir, aunque físicamente siga dentro de la caja fuerte, el dinero ya está disponible para realizar pagos. La prestigiosa PalangaNazo ha desarrollado un producto increíble y está en condiciones de darle una nueva categoría al valor de disponibilidad, relegando a los vehículos blindados de JuntaTela a un segundo plano. Nuestros chicos llevan tiempo haciendo pruebas conjuntas e integrando sistemas con sus colegas de ToToBank y eso ya es una realidad. El Banco de España, la entidad pública y supervisora que hace la función de banco central nacional, hizo ensayos y verificaciones y ha dado su conformidad por medio de la Directiva A-88. El lanzamiento del nuevo modelo Speedy TDK-Plus es inminente.

Hoy hemos reunido al comité de dirección de PalangaNazo para diseñar una estrategia, al menos para pensar mejor el asunto y combatir la vagabunda visión de que la expectativa de salir a vender ya es una buena estrategia. Aquilino, el director de producción, dice que el primer año solamente podemos fabricar mil quinientas cajas mágicas y eso es inamovible. Isabel, la directora financiera, no prevé problemas de tesorería y nos desea buenas ventas. Jesús, el director comercial, no tiene claro si comprarse un velero o hacerse policía nacional. Pero anuncia que hay unos cuantos distribuidores interesados en comprar las primeras unidades. Moisés, el director de desarrollo, sugiere un precio de venta equivalente al doble del modelo anterior, la veterana y tecnológicamente superada TDK-525. Noelia, la directora de calidad, permanece callada porque suele traer malas noticias y hoy toca fiesta. Inesperadamente, irrumpe en la reunión el jefe de ventas, invocando con urgencia la expeditiva atención de Jesús, el director comercial. Éste se marcha y regresa media hora después aturdido por una insólita propuesta: los ejecutivos de JuntaTela están en la otra sala y vienen a comprar cinco mil quinientas cajas mágicas Speedy TDK-Plus a cambio de la exclusividad. Jesús está eufórico y aconseja vender y abrir una botella de Bollinger, el champán francés con apellido alemán, el predilecto del británico James Bond. Ha estado unos minutos negociando y estarían dispuestos a pagar un 75 por ciento más sobre el precio del modelo anterior. Pero como Javier, nuestro director generalísimo, escuchó en un pódcast que dejar la estrategia en manos de los comerciales es cometer el error equivocado, abre la boca y grita desesperado: ¡¿qué hacemos, joder?!

La introducción en el mercado del nuevo producto de PalangaNazo supone para JuntaTela una reducción dramática de sus ingresos por el servicio de recogida. Las gasolineras bajarán sus costes operativos porque sólo necesitarán la visita de un vehículo blindado al mes, en lugar de los cuatro o cinco habituales. Noelia, la directora de calidad, como sabe que de la confusión viene la claridad, decide lanzar unas inquietantes preguntas. ¿Para qué quieren ellos comprar todas las cajas mágicas? ¿Vamos a permitir que tengan el control de nuestro producto? ¿Las van a esconder en un almacén lejano hasta que se cubran de polvo? Moisés, el director de desarrollo y padre de la caja mágica, mira pensativo al cielo. Mejor dicho, al cielo raso de la sala de reuniones.

A Jesús, nuestro director comercial, comienza a salirle espuma por la boca. Tiene un cliente dispuesto a comprárselo todo y no puede permitir que se le escape. Defiende enérgicamente las ventajas de vender una cantidad sin igual y dice que no es un problema de PalangaNazo averiguar lo que hará JuntaTela con las cajas. Pero la situación empeora rápidamente. Javier, el generalísimo, recibe una llamada del director general de la Banca Pepper. La picante entidad está decidida a liderar el sector de ventas al por menor de carburantes y ofrece comprar cinco mil quinientas cajas mágicas a cualquier precio razonable, pero a cambio de la exclusividad durante tres años. Su objetivo está muy claro: como económicamente es más poderosa que ToToBank, puede financiar a las gasolineras e introducir la maravillosa Speedy TDK-Plus en menor tiempo. Raudos y caudalosos, ofrecerán a sus nuevos clientes una cuenta corriente con caja mágica incluida, ya sea vendiéndola en treinta y seis cómodas cuotas o por medio del llamado *renting* tecnológico. Sin duda, Banca Pepper sabe lo que quiere. Además, esto empujará la venta de otros servicios y un aumento de su masa monetaria. Por lo tanto, también de su liquidez y capacidad de operar con préstamos y créditos. Ahora el aturdido es Javier, el generalísimo. La Directiva A-88 del Banco de España no restringe la competencia entre entidades financieras y el acuerdo con ToToBank no va a resultar un impedimento, es informal y de libre colaboración.

En el comité de dirección de PalangaNazo reina el silencio más ambicioso

Aquilino, el director de producción, advierte que fabricar cinco mil quinientas cajas mágicas en los próximos tres años será un desafío exagerado para su equipo y propone descontinuar la poco eficiente línea de las cajas de seguridad para hoteles. Jesús, el director comercial, apenas respira y ha pedido un botellín de agua oxigenada y una ambulancia para marcharse a casa; ahora tiene dos clientes en la puerta y no sabe qué decirles. Isabel, la directora financiera, considera que es un error dejar de fabricar las cajas para hoteles. Demuestra con números que se trata de la segunda más rentable de la empresa. Noelia, la directora de calidad, no se rinde y vuelve a la carga con sus inquietantes preguntas: ¿ahora le vamos a dar el control de nuestro producto a un banco? ¿Qué consecuencias nos harán pagar sus competidores por excluirlos? ¿Se sentirán perjudicados? ¿En el futuro nos negarán financiación? ¿Cuál es la estrategia de PalangaNazo?

Ahí tienes la pregunta que estabas esperando y que todavía no tiene respuesta. Disponemos de un producto que puede cambiarlo todo y no tenemos las ideas claras. Pero los que llaman a nuestra puerta por supuesto que sí. ¿Tú qué harías? ¿A quién le venderías la maravillosa Speedy TDK-Plus? ¿No existen otras opciones? ¿Hay que venderlas todas juntas en una semana? Ve pensándolo, ya me dirás qué harías tú...

¿Quién dijo fuego?

Mientras tanto, te cuento que la empresa canadiense LEFogaté ha desarrollado un extintor manual revolucionario, el Proteo ZZ. Utiliza espuma sin aporte de agua con un exclusivo aditivo acidulante, incorpora un supermicrocompresor cerámico como los de la NASA y es apto para apagar fuegos de los tipos ABC, los de toda la vida. Tiene el tamaño de un botellín de cerveza y esto implica que ha llegado la hora de terminar con los complicados y pesados aparatos que existen en el mercado. Los canadienses han decidido introducir el extintor manual Proteo ZZ en España y están buscando una persona para ponerla a cargo de la filial ibérica. ¿Te interesa el puesto de director general? Pero trabajar con ellos no es sencillo, son medio franceses y la estrategia va por delante. Los cuatro candidatos seleccionados no conocen el sector y consideran que es mejor así. La consultora encargada de la búsqueda sólo les ha informado de que se trata de una empresa de Canadá especializada en sistemas para extinguir incendios. En una primera entrevista, les han dado noventa minutos para investigar, dibujar una pirámide y responder a un cuestionario con **cinco preguntas**:

1. ¿Qué tamaño piensa usted que tendrá el mercado español?
2. ¿En cuántos segmentos lo dividiría?
3. ¿Qué cantidad de empleados va a necesitar?
4. ¿Considera que le harán falta muchos distribuidores?
5. ¿Tiene algún aspecto importante que considerar?

Para continuar, imagínate una bonita pirámide, de esas que hay al lado del río Nilo y todavía no estamos seguros de si las construyeron los marcianos o los egipcios (si no puedes imaginarla, tira para urgencias ahora mismo). Voy a identificar a los aspirantes al puesto solamente con dos letras y no te diré cuál de ellos finalmente será el elegido, eso te lo dejo a ti.

Respuestas del candidato AB:

1. He buscado por internet y no pude encontrar nada.
2. Los españoles compran todo por precio, no hay segmentos.
3. Tres personas.
4. Con diez distribuidores se puede cubrir el país completo.
5. Es conveniente que tengamos en España un buen stock. Al ser un producto nuevo, los distribuidores no van a querer tener su propio stock.

Respuestas del candidato CD:

1. He buscado por internet y no hay información. Tampoco he visto una cámara o asociación de fabricantes para preguntarles.
2. Los extintores no tienen segmentos, todos valen el mismo precio.
3. Cinco personas.
4. Vamos a necesitar más de treinta distribuidores.
5. Tener una plataforma B2B bien hecha es importante, puede agilizar las ventas a los distribuidores. Grandes almacenes como El Corte Inglés pueden interesarse por vender un producto tan novedoso.

Respuestas del candidato FG:

1. Habría que contratar a una consultora para hacer un estudio de mercado, no hay información disponible.
2. Los extintores se venden por precio, especialmente desde que se importan de China.
3. Una persona para administración, tres vendedores y alguien en almacén.

4. Necesitaremos una red de diez distribuidores principales y otros cincuenta que dependan directamente de ellos.
5. Es importante tener un almacén bien ubicado y con el stock suficiente para atender a los distribuidores. El producto es muy novedoso y se puede vender muy bien, pero si nos quedamos sin existencias, comenzarán los problemas y las dudas.

Como el candidato JK dio respuestas largas, te voy a repetir el cuestionario...

1. ¿Qué tamaño piensa usted que tendrá el mercado español?
2. ¿En cuántos segmentos lo dividiría?
3. ¿Qué cantidad de empleados va a necesitar?
4. ¿Considera que le harán falta muchos distribuidores?
5. ¿Tiene algún aspecto importante que considerar?

Respuestas del candidato JK:

1. Los extintores manuales se pueden colocar en muchos lugares. En hostelería y oficinas son obligatorios. También en tiendas, comercios y pequeños talleres. Utilizarlos dentro de las viviendas y los automóviles es una decisión personal. Si hacemos una primera estimación, podemos decir que hay un mínimo de 5,5 millones de unidades instaladas. A esta cantidad se llega considerando que en España hay 300.000 bares y restaurantes, además de 800.000 comercios minoristas y pymes. Esto nos da 1,1 millones de locales, a los que, según la superficie y la distancia entre cada uno, la normativa les exige instalar varios extintores. Por esa razón, se me ocurre multiplicar por cinco y considerar un mínimo de 5,5 millones de unidades manuales en servicio. Ahora bien, en España hay 19 millones de viviendas y 33 millones de automóviles. Estas cifras son muy interesantes y aunque su utilización no es obligatoria, el peligro que supone el fuego sigue estando

ahí. El reducido tamaño del extintor Proteo ZZ es una oportunidad para acceder a esos usuarios.

2. No conozco el mercado ni el producto. Puede que algunos extintores ofrezcan más prestaciones que otros, como las bolas extintoras que se activan automáticamente al entrar en contacto con el fuego. O que exista una categoría de extintores sin homologar para determinadas aplicaciones. O que no necesiten verificaciones periódicas. No conozco este negocio, pero sí me puedo imaginar una pirámide con tres segmentos básicos en función de la capacidad de compra de los usuarios. En la parte de arriba, es decir, el primer segmento, ubicaría a los centros comerciales, supermercados franquiciados, cadenas de tiendas y restaurantes de comida rápida, oficinas bancarias y de organismos estatales que atienden al público, etcétera. No más de 20 o 25 grandes usuarios en toda España. A modo de ejemplo, McDonald's tiene 500 locales y estaría en esa lista. En el medio de la pirámide podrían estar los grupos hoteleros que, aunque tengan sistemas centralizados contraincendios, utilizan extintores manuales. Y también cadenas y tiendas regionales, organismos públicos, escuelas y universidades de las distintas comunidades autónomas, franquicias medianas y pequeñas, como los talleres Feu Vert, etcétera. Digamos unos 100 o 125 usuarios medianos en toda España. En la base de la pirámide está el universo de pequeños usuarios, como bares y cafeterías, tiendas de barrio y talleres, etcétera. ¿Cuántos? Estimo que entre 500.000 y 700.000. Todavía estoy dejando fuera a todos aquellos que tienen una vivienda y un automóvil que podrían ver el extintor Proteo ZZ como un elemento de seguridad que ahora podrían utilizar.
3. Si vamos a contar con una oficina o almacén, con dos o tres personas es suficiente. Al menos para empezar.
4. Para atender a los dos primeros segmentos, en mi opinión no es necesario ceder la comercialización del producto a los distribuidores, es nuestro trabajo. Se trata de una cantidad de potenciales usuarios perfectamente identificable

y manejable, que con dos personas podemos servir sin mayores inconvenientes. Además, cerca de la mitad estarán en Madrid y Barcelona. La base de la pirámide es otra cosa. Hablamos de un universo de 500.000-700.000 usuarios potenciales. Según el tamaño de cada ciudad, tendremos que recurrir a varios distribuidores. En mi opinión, el objetivo es disponer de varios puntos de venta, sin ofrecer ninguna exclusividad que limite la cobertura de una zona en concreto.

5. Seguramente habrá un proceso de homologación nacional del extintor Proteo ZZ. Eso implica que no podremos iniciar la comercialización mientras no hayamos cumplido con los requisitos normativos.

Sospecho que ya has seleccionado a JK como tu candidato ideal. Habrás observado que tiene una visión muy concreta acerca de los intermediarios o distribuidores: quiere ubicarlos donde realmente hacen falta, es decir, para cubrir estratégicamente el universo de potenciales usuarios. No para que intermedien a todos los niveles, ni para que den a conocer el extintor Proteo ZZ en la casa de los principales usuarios, ése no es su trabajo. Pero advierte que no conoce el mercado y, por lo tanto, no sabe si hay una segmentación relacionada con las prestaciones o con otras características.

«Segmentar es la materia prima de una estrategia»

Esta frase se la escuché decir al francés Charles Yufera y es tan cierta que debería estar escrita a la entrada de las buenas escuelas de negocios. Pero hacerlo no es tan fácil y tampoco es una obviedad. Básicamente, se trata de distinguir y dividir un mercado teniendo en cuenta las distintas necesidades, prestaciones, comportamientos, rasgos y beneficios. Ahora bien, según aquello que quieras vender, Isra Bravo agrega: «Cuando son tan diferentes, en vez de buscar un perfil concreto de persona, buscamos qué les duele en concreto a todas las personas, por diferentes que resulten». Es decir, la exitosa directora general de una empresa puede tener el mismo miedo o dolor que un joven emprendedor obligado a presentar su proyecto a posibles inversores: ambos sufren cierta clase de angustia al hablar en público y les gustaría solucionarlo.

Los tres primeros candidatos a dirigir la filial ibérica de LEFogaté tampoco conocen los segmentos del mercado, pero manifiestan que los extintores se venden por precio. Habitualmente, mucha gente con experiencia en su sector de actividad está convencida de que la mayoría de las cosas *sólo se venden por precio*. Esto lo repiten tantas veces que ya me parece una frase de Groucho Marx y, sólo cuando todo el mundo conduzca un Dacia, voy a comenzar a preocuparme. Lloremos juntos si te vas a sentir mejor, pero se trata de una idea equivocada que ha terminado derrumbando a marcas importantes y puede costarte bastante dinero.

Los segmentos existen, aunque tú no sepas identificarlos

Esto mismo le sucedía a un fabricante tradicional de destornilladores, que aseguraba que la sencilla herramienta manual «aquí en España, sólo se vende por precio». Hasta que a uno de los socios le dio por dejar de escuchar exclusivamente a las ferreterías y empezó a pensar de otra forma. Después de salir por las calles a visitar, aprender a preguntar y mantener varias reuniones con jefes, vendedores y clientes con ganas de colaborar, por fin empezaron a diferenciar los cuatro segmentos que siempre estuvieron ahí.

Vuelve a imaginarte una bonita pirámide y atención, por favor, esta vez comenzaremos por la base, ¿de acuerdo?

- **Segmento 04:** compuesto por ese gran universo de personas que, como yo, apagan el televisor tirando del cable. Invertimos 15 euros en un juego de doce palitos metálicos con pinta de destornilladores para demostrar únicamente que, cuando nos piden ayuda, somos incapaces de solucionar cualquier problema doméstico.

- **Segmento 03:** aquí ya tenemos a los manitas del bricolaje como mi hermano Fernando. Sus amigos y él disfrutan arreglando las cosas de la casa y en su caja de herramientas hay un juego de doce destornilladores de los buenos, de esos de 40 euros para arriba, con un cuerpo de acero templado y una punta que no se deforma con el tercer esfuerzo.
- **Segmento 02:** integrado por los profesionales de la mecánica, electricidad, mantenimiento, etcétera. Las herramientas de trabajo son importantes, hay que cuidarlas y tienen que durar el tiempo suficiente. Estos señores necesitan determinadas prestaciones y quieren un destornillador con cuerpo de molibdeno, mango de trimaterial adaptado al movimiento de la mano, resistente a la torsión, antideslizante y bien aislado ante eventuales contactos eléctricos. Por un juego de seis destornilladores de marca reconocida, están dispuestos a pagar desde los 50 euros en adelante.
- **Segmento 01:** ya estamos en la cúspide de la pirámide. Aquí tenemos a los profesionales que trabajan en zonas explosivas clasificadas por la Directiva ATEX, esos lugares donde se acumulan gases, polvos o líquidos inflamables (silos, refinerías, plantas químicas), y una chispa accidental puede derivar en un incendio violento. Estos señores son muy cuidadosos y se juegan la vida si no respetan las normas. Por lo tanto, demandan herramientas de aleación especial no férrica, resistentes a la corrosión, correctamente homologadas y certificadas. Un juego de seis destornilladores se puede conseguir a partir de los 120 euros...

Después de visualizar los cuatro segmentos según el nivel de prestaciones, surgieron las primeras conclusiones. La base de la pirámide, el segmento 04, está caracterizado por un gran volumen de gente que compra herramientas baratitas y poco fiables. Lo dominan los fabricantes chinos de la provincia de Guangdong y sus importadores locales. Seguir intentando competir con ellos es inútil y puede llevar a la ruina. El segmento 02, integrado por los profesionales de la mecánica, electricidad, mantenimiento, etcétera, es el posicionamiento que siempre deberían haber mantenido. Tienen los medios adecuados para fabricarlos a un coste competitivo y las prestaciones de sus destornilladores encajan perfectamente. Si se posicionan bien y toda la organización lo entiende, dejarán de escuchar a sus vendedores decir que «vamos caros», cuando el verdadero problema está en otro lado.

Un par de años más tarde, tras consolidar su participación en el segmento 02, comenzarán a prepararse técnicamente para entrar en el segmento 01, el de los profesionales que trabajan en zonas explosivas clasificadas por la Directiva ATEX. Es el más especializado de los cuatro y la primera condición que exigen sus eventuales usuarios es que el producto haya obtenido las certificaciones correspondientes.

Para formular estrategias, antes necesitas saber qué es un mercado

Te decía en el capítulo 6 que una pyme o un emprendedor no pueden hacer mucho con las definiciones académicas del mundo de la economía y las finanzas. Son teóricas y te empujan a pensar en una estructura intangible y ajena, controlada por personas inteligentes que ocultan su identidad y viven en algún lugar inalcanzable. Y cuando el corto plazo es el que manda, uno de los errores más generalizados es confundir el mercado con el cliente, un señor caprichoso que tiene sus reglas y hay que aceptarlas. Ya sabes, a pesar de lo reiterada y utilizada, la palabra *cliente* no es una de mis preferidas: actúa como una cortina de humo que dificulta la visión del panorama y puede desorientarte. En ese mismo capítulo 6 también te decía que, si quieres ver más allá del intercambio entre producto y dinero, te vas a encontrar con todos los protagonistas que trabajan en un mercado. Ahora te propongo identificarlos mejor sin utilizar la palabra *cliente*.

No es un error, leíste bien: sin utilizar la palabra *cliente*

Voy a comenzar por su majestad el «usuario», un individuo fácil de identificar porque es el origen de la necesidad y está destinado a consumir, agotar o desgastar progresivamente la vida útil del producto, servicio o cosa en cuestión. Adquirimos un televisor, un ordenador o un automóvil para ir *gastándolo día a día*, hasta agotarlo, reciclarlo o quizá revenderlo por un precio mucho menor. Compramos un billete de avión para viajar de Madrid a Bogotá que se consume en diez horas. Lo mismo ocurre con un albariño gallego o con la comida húmeda de mi gata Lucy. Si tú quieres, podemos discutir si las necesidades existen o se crean artificialmente para satisfacerlas, pero no es el momento. Los usuarios son el punto de partida, los protagonistas principales de cualquier mercado. Ellos tienen información valiosa que debes conocer de primera mano para intentar ofrecerles el producto o servicio que buscan, no lo que a ti te parece que puede funcionar. Eso es lo que hicieron los ingenieros del departamento de investigación y desarrollo de PalangaNazo. Las gasolineras utilizan una caja fuerte porque quieren proteger el metálico hasta que lo ingresen en su cuenta corriente. La nueva caja mágica Speedy TDK-Plus de PalangaNazo es superior al modelo anterior. Sigue manteniendo el dinero físico en un lugar seguro y, además, mediante un acuerdo tecnológico, ofrece la disponibilidad virtual en un plazo de tiempo insuperable hasta el momento. Es decir, satisface dos necesidades muy importantes para el usuario, que en este ejemplo es el gasolinero en jefe. ¿Cómo lo han sabido? Haciendo preguntas, consultando y observando.

Sigo con el «intermediario», también conocido como distribuidor, almacenista, repartidor, mayorista o minorista, consignatario o comisionista. Suponemos que tiene un producto en stock y puede ofrecer ciertas facilidades de pago. O intermediar propiedades, habitaciones de hotel o cursos de formación. El intermediario sólo quiere intermediar, optimizando la rotación de la cosa que le asegure el mejor margen posible. En la mayoría de los casos, no tiene el conocimiento del mercado que le adjudicamos y su nivel técnico es cada vez más polémico, algo que los usuarios modernos pueden solucionar gracias a internet. Una red de almacenistas puede constituir un canal equilibrado de distribución, siempre que exista un universo de posibles compradores al que tú no puedas acceder por tus propios medios. El problema es que, cuando esto no sucede, recurrimos igualmente a los intermediarios y terminamos dándoles el control de nuestra estrategia comercial. En muchos sectores de actividad, asumimos sin pensarlo mucho que la intermediación es inevitable. Además, les pedimos que con su infraestructura asuman tareas de promoción y difusión que difícilmente están dispuestos a realizar. Los canadienses de LEFogaté no quieren que su extintor revolucionario, el Proteo ZZ, se comercialice a través de distribuidores en los tres segmentos del mercado. Y la razón es obvia: no hace falta. Están dispuestos a mantener el control estratégico. Para dirigir su filial en España, quieren contar con un candidato como JK que, por sus respuestas, parece tener una visión comercial muy superior al resto.

Es el turno del «integrador», quizá el más práctico y capacitado de todos, y, para muchas pymes, un actor casi inadvertido, fácil de confundir con el usuario o difícil de identificar. Se trata de aquellos que tienen el nivel técnico suficiente para integrar tres elementos inconfundibles: productos, mano de obra y saber hacer. Para diferenciarlos mejor, te propongo dividirlos en dos categorías básicas. Si contratas a una constructora para hacerte una vivienda, ellos comprarán cemento y ladrillos, puertas y ventanas, azulejos y cerámicas, tejas y esas cosas (productos comerciales); tendrán en plantilla a los empleados adecuados o subcontratarán gremios (mano de obra) y, por supuesto, sabrán interpretar los planos y requisitos del proyecto (saber hacer). Es decir, están integrando tres elementos y construyendo tu hogar, no intermediando productos. Ocurre lo mismo con instaladores, mecanizadores, talleres, imprentas, restaurantes, etcétera. Pero resulta que hay integraciones más complejas, y a esas empresas que las realizan las llamamos fabricantes. Si te quieres comprar un coche italiano, la gente de Alfa Romeo ha desarrollado la capacidad de diseñar sus autopartes y decidir cuáles producir internamente y cuáles comprar a un proveedor externo (productos comerciales y de diseño propio), tiene una plantilla por secciones para trabajar con utillajes exclusivos y manufacturar piezas y componentes (mano de obra especializada), y un nivel técnico superior para diseñar y producir en serie (ingeniería y saber hacer). Si tú lo que quieres es vender un sistema automatizado de soldadura robotizada a la dirección industrial de Alfa Romeo, tendrás que entender que ellos serán los usuarios de ese equipamiento. Pero si lo que quieres es vender una partida de doce mil neumáticos para calzar a los próximos tres mil superdeportivos Giulia GTA, entonces las condiciones cambian, porque los italianos actuarán como integradores. ¿Me sigues o voy muy rápido? Como ya te conté, allá por 1986, el nuevo modelo Speedy TDK-Plus del fabricante de cajas fuertes para depósitos en efectivo, PalangaNazo, era tan revolucionario que algunos lo querían integrar en sus servicios. Era el caso de la empresa de transporte de fondos y valores JuntoTela. Ellos, mediante sus camiones recontrablindados, sus chóferes y vigilantes entrenados por Rambo, su sistema UHF de comunicación para sentirse unidos y su experiencia en el negocio, ofrecían protección y disponibilidad para transportar sumas importantes de dinero físico hasta la cuenta corriente. Pero los inquietos ingenieros de PalangaNazo desarrollaron un producto que virtualizaba los billetes. Por lo tanto, los ejecutivos de JuntoTela percibieron la amenaza y quisieron integrar la Speedy TDK-Plus en sus servicios. O quizá, neutralizarla, vete tú a saber...

Ahora vamos a identificar al «agente técnico», otro protagonista habitualmente ignorado por quienes tienen la expectativa de que salir a vender ya es una buena estrategia. Resulta que las cosas, antes de crearlas, construirlas o fabricarlas, se deben proyectar. Esto sucede, por ejemplo, con las lavadoras, los sitios web, los edificios, los teléfonos móviles, las estaciones de tren, los submarinos amarillos y los muebles de cocina. Proyectar es diseñar, determinar, calcular, seleccionar, planificar, organizar, presupuestar, etcétera. Y el trabajo de técnicos, ingenieros, arquitectos y otras profesiones vinculadas es hacer previamente los proyectos para que las cosas luego puedan existir a un coste razonable, cumpliendo determinados requisitos. Los agentes técnicos analizan primero y preguntan el precio después. Conocen la oferta de productos y servicios de su sector de actividad, pueden distinguir entre las diferentes características y prestaciones, saben interpretar la normativa específica y están atentos a las novedades tecnológicas.

Están en contacto con el «agente normativo». Estos señores tienen la responsabilidad de proporcionar y establecer normas y reglamentos acerca de las condiciones de gestión y fabricación, las prestaciones mínimas y las formas de utilización. Pueden constituir organismos públicos o privados, y habitualmente buscan la participación de los demás actores del mercado. Pero cuidado, si es imprescindible, deciden sin necesidad de un consenso previo. ¿Te vas dando cuenta de su importancia? Los agentes normativos establecen marcos de referencia. Determinan, por ejemplo, la presión de funcionamiento de un extintor de incendios, la obligatoriedad de utilizar el cinturón de seguridad, la estandarización de los puertos USB, la inclinación de la cubierta de una nueva vivienda, la eficiencia energética de los electrodomésticos, los ingredientes no naturales que puede contener un champú, el aislamiento térmico de las ventanas, las pruebas que deben superar las sillas de coche para bebés, los sistemas de fijación para los juegos infantiles que hay en la plaza de tu barrio, la circulación y el tratamiento de tus datos personales, etcétera. Las normas pueden abrir un nuevo mercado o dejarte fuera. Gracias a que los ingenieros informáticos de ToToBank y PalangaNazo diseñaron un supersoftware inédito, el Banco de España (entidad pública supervisora) analizó las ventajas de virtualizar el dinero físico y prestó su conformidad mediante la Directiva A-88. Esto dio lugar a un nuevo marco de referencia para todos aquellos fabricantes de cajas fuertes que quisieran competir a partir de su propio desarrollo informático. Con frecuencia me encuentro emprendedores que creen erróneamente que las normas no son otra cosa que imposiciones creadas para fastidiarnos el negocio. Pero si lo piensas bien, te darás cuenta de que, además de posibilitar nuevos mercados, también son barreras de ingreso para impedir que los chapuceros entren a formar parte del sector.

Hemos avanzado bastante, pero no aún no hemos terminado. Ya identificamos a los usuarios, los intermediarios, los integradores, los agentes técnicos y los agentes normativos.

Van cinco, y el siguiente protagonista eres tú

Sí, «tú». No ese que está detrás de ti. Porque aunque no te lo hayan dicho, tú eres uno de los actores del mercado. Y tienes que asumirlo, conocer al resto y aprovechar la oportunidad que eso significa. ¿Qué quieres hacer? ¿Una empresa de marketing digital? ¿Poner en marcha una franquicia de hamburguesas veganas? ¿Utilizar la inteligencia artificial para subtitular películas? ¿Comercializar artículos regionales importados de la India? ¿Vender cosechadoras de segunda mano? ¿Fabricar césped artificial para campos de fútbol? ¿Representar a consultoras neerlandesas que ofrecen ciencia de datos? ¿Mecanizar bronce para terceros? Cuando tengas claro qué quieres hacer, entonces te toparás con el séptimo y último actor del mercado: tu «competencia».

Ellos estaban antes de que tú llegaras y seguramente algo estarán haciendo bien. ¿Vas a mirar su sitio web y copiarlo? ¿Lo único que sabes es lo que ellos cuentan? Para participar y vender tendrás que intentar comprender su estrategia, y averiguar realmente quiénes son y cómo llegaron hasta ahí. ¿Son locales, regionales o nacionales? Si se trata de competidores internacionales, es muy probable que tengan una interpretación del mercado muy parecida a la que te estoy contando y, por lo tanto, también es probable que hagan intercambios con dos o más protagonistas y no exclusivamente con intermediarios.

Participar implica posicionarse en un segmento determinado (teniendo al menos un atributo para comunicar), diferenciarse y, muy importante en estos arrogantes tiempos modernos, ser visibles. Pero esto, como te imaginas, no es nada sencillo y ya te lo anticipaba en el capítulo 5: el entorno pyme convive con el fenómeno de la hipercompetencia. Es decir, coexiste una densidad muy alta de competidores que se laminan constantemente. Así que si has logrado una característica exclusiva, date prisa porque tienes poco tiempo para explotarla.

Las estrategias acertadas parten de una visión, y con esfuerzo, aprendizaje e información de primera mano se constituyen en un patrón de conducta exitoso. Pero a veces envejecen y hay que actualizarlas, adaptarlas a la cultura de otro país o a un nuevo contexto tecnológico. Para hacerlo sin tirar todo por el barranco, siempre me ha gustado utilizar el modelo de Kurt Lewin, que consiste en tres sencillas etapas: descongelar, cambiar y volver a congelar. ¿Cómo hacerlo? Descongelar implica revisar la mentalidad y los mecanismos de defensa que están arraigados y sostienen la estrategia. Hay que debilitarlos para poder introducir nuevos conceptos y jugar con ellos. Después viene un período de confusión y de introducción de ideas clave que cristalizan en una nueva orientación, en una decisión y sus consecuencias. Lo siguiente es bloquear y volver a congelar para asegurar el cambio, y que todos asuman que un cambio de mentalidad ha dado lugar a una estrategia emergente y premeditada.

No obstante, hay negocios que avanzan a pesar de las torpezas, al menos al comienzo, cuando al compromiso de sus emprendedores, se suma un gran entusiasmo.

También existen las líneas estratégicas

Son pequeñas orientaciones que actúan como un patrón de conducta. Por ejemplo, la decisión de tener un servicio técnico propio en lugar de subcontratar a terceros, de visitar previamente a los posibles clientes antes de ofertarles cifras importantes o de no permitir a los proveedores cobrar por medio de recibos domiciliados.

Mi reino por un estratega

El proceso creativo que conlleva formular estrategias es una especie de interpretación futura del mundo o de un mercado en particular. Todos comenzamos con una visión que vamos proyectando. Algunas surgen a partir de no aceptar la lista de obligaciones y límites que impone cada sector de actividad. Es decir, de buscar fuera de sus fronteras habituales. La estratega Renée Mauborgne es la coautora de la teoría de los dos océanos, en uno de los cuales la competencia no tiene importancia porque aún no se han establecido las reglas del juego. El primer océano es el espacio de mercado ya conocido, donde los competidores pelean agresivamente por superarse y capturar la mayor demanda posible. La batalla por la rentabilidad es a muerte y las aguas se tiñen de rojo, igual que las playas de Amity Island, esas en las que el tiburón de Steven Spielberg desayunaba bañistas y otras formas de vida. En cambio, el segundo océano es azul como el abovedado cielo. Se trata de espacios de mercado donde no se utiliza a la competencia como punto de referencia y se sigue una lógica estratégica diferente, que sus defensores denominan *innovación en valor*. Para evitar el riesgo de terminar en un charco oscuro, voy a sintetizar un ejemplo utilizado por sus autores: «Haciendo hoyo en uno».

El foco de atención no está en captar mayor cuota de mercado a través de los clientes actuales, sino en convertir a los no clientes del sector en nueva demanda. La clave de las estrategias de océano azul, dicen, se oculta en conocer y comprender el universo de los que no son clientes. Justamente eso hizo el fabricante estadounidense de palos de golf Callaway. ¿Por qué razón la gente no elige practicar golf? ¿Qué problema tienen con este deporte? Preguntando e investigando descubrieron un factor común entre las personas que no eran clientes: la percepción de que golpear una pelota de golf era algo muy difícil y frustrante. El reducido tamaño de la cabeza del palo de golf (*club head*) exige una gran coordinación entre la vista y la mano. Esto implica que para dominar el juego y divertirse un rato hay que invertir mucho tiempo libre. La respuesta de Callaway fue muy sencilla: presentaron un nuevo palo de golf con una cabeza grande para facilitar el golpeo de la pelota. El novedoso producto, bautizado Big Bertha, fue un éxito a escala mundial y contribuyó a reducir las dificultades para golpear la pelota y progresar con rapidez. Mientras que los clientes de toda la vida ya habían aceptado implícitamente que eran ellos los responsables de mejorar su juego, los nuevos clientes entraron con fuerza en el sector para descubrir lo divertido y flemático de jugar al golf. Dicen que el océano azul de Callaway duró casi una década.

¿Está eso al alcance de una pyme de Zaragoza o Monterrey? Hay ejemplos para todos los gustos y no siempre los vamos a encontrar asociados a grandes multinacionales o a tecnologías innovadoras, como muchos creen de antemano. Es evidente que, desde la perspectiva de los dos océanos, los no clientes son una fuente importante de conocimientos porque satisfacen sus necesidades por otros medios. ¿Te estás perdiendo una gran cantidad de no clientes? Puedes ser el iniciador de una idea innovadora para un espacio de mercado inédito o refugiarte en el lugar del competidor imitador. Puedes formular estrategias tú solo o colaborando en equipo, pero procura impulsar la participación y que no se trate de una obligación o de un trámite, ni tampoco de cifras bien argumentadas desde una posición jerárquica que pretenda exigir resultados.

Recuerda que aprender es un deporte de contacto y que no hay prisas, solamente dinero de por medio.

11

El poder del método: empieza por los conceptos

Enseñar nunca ha sido una tarea fácil, y a veces con la vocación no es suficiente. Las escuelas técnicas argentinas de la década de 1970 luchaban por mantener la calidad y evitar la manipulación que imponía la situación política del momento. Aquellos profesores se tomaban las cosas muy en serio, y no eran los únicos. Los defensores del rigor y el esfuerzo estaban en casa, porque el compromiso con el saber iba unos pasos por delante. Pero el sistema educativo ha cambiado, y los tiempos también. Por supuesto, había buenos y malos docentes y, por una razón u otra, solamente algunos permanecen ocupando un lugar en la memoria.

Tuve un profesor inolvidable que enseñaba electrotecnia y se llamaba Paco Mayorga. Era un señor extraño, mal vestido y un tanto desordenado. Trabajaba en una multinacional y habitualmente le costaba llegar a la hora. Venía en su flamante Fiat 125 bialbero de 110 CV, un pedazo de coche familiar con un toque deportivo que era la envidia de todos nosotros, los técnicos electromecánicos del futuro.

Paco Mayorga no acudía a la escuela técnica para completar su salario y, además, sabía de verdad.

Siempre con prisas, le gustaba corregir los exámenes públicamente durante la clase, utilizando un estilo insólito y absurdo. Las madres y padres de hoy lo mantendrían sepultado por las denuncias y lo acusarían de maltratar psicológicamente a sus inocentes criaturas. Pero Paco Mayorga era muy listo y lograba su objetivo: aprendíamos las aplicaciones prácticas de la electricidad. Tenía una voz de falsete muy cómica y característica, que utilizaba con gracia para que sus exposiciones no fueran aburridas. Aunque sin duda lo mejor ocurría cuando venían los exámenes: cuatro ejercicios con distintos niveles de complejidad. Para mí, aprobar el curso suponía un problema. Ya formaba parte del grupo de los que apagábamos el televisor tirando del cable y me veía con las mismas habilidades de un burro majorero...

—Vamos a ver qué ha hecho el señorito Salvador esta vez... Qué extraño, parece que ha resuelto bien el primer ejercicio.

—Intento aprender y mejorar.

—Bieeen, Salvador, bien.

—Gracias, señor.

—El segundo también lo ha resuelto bien. Esto es increíble, Salvador.

—Gracias, voy mejorando.

—Increíble, bieeen, Salvador.

—Estoy aprendiendo.

—A ver qué hizo con el tercero...

—Bueno, ahí tenía una duda que...

—Noooooo, Salvador. Noooooo.

Y yo sudando.

—Noooooooooo, muy mal, Salvador.

¿Qué habré hecho mal?

—Usted no sabe, nooooooooooooo.

—Pero...

—Noooooo, Salvador, usted no tiene concepto.

—Pero...

—Su padre es un gran ingeniero y usted es una puta vergüenza.

—Es que yo pensaba...

—Usted no piensa, Salvador. Usted no tiene concepto.

—Es que...

—Si no tiene concepto, tiene un 0.

—Pero...

—Usted va a morir electrocutado, Salvador.

—Pero...

—Cállese y salga de aquí, que nunca aprenderá a desenchufar nada.

—Pero...

—Otro 0 para su colección, Salvador.

—Pero hice bien dos ejercicios y...

—Nooooooo, Salvador. Usted no tiene concepto.

—Pero...

—Tiene otra vez un 0, Salvador.

Acto seguido, Paco Mayorga hacía una pelota de papel con tu examen de mierda, apuntaba con la mirada y te lo lanzaba directamente a la cabeza. Verlo en acción era un espectáculo y si hubiésemos tenido los móviles de hoy, sus vídeos estarían conquistando las redes sociales. Pero, a pesar de sus formas, nos reíamos con ganas y nadie se enfadaba, porque realmente estaba en lo cierto: unos cuantos no teníamos concepto.

«El concepto es el concepto», decía el gallego Manuel Manquiña interpretando a un sicario torpe y reflexivo en la película española *Airbag*, un éxito de 1997. Puede parecerte un chiste, pero justamente ésa es la clave que descubrí a los quince años gracias a mi buen profesor de electrotecnia.

Los conceptos son elementales, lógicos y situacionales

Son construcciones mentales simples de razonamiento, nos permiten comprender y clasificar. Si los entendemos, actúan como poderosas herramientas para generalizar y manejar categorías de cosas. Son el verdadero punto de partida de los saberes por venir y ocupan un lugar especial en la estantería. Si tú quieres emprender, son palancas fundamentales: sin apilar conceptos no hay edificación que aguante ni método que se sostenga. Podemos traducirlos en habilidades, capacidades y aptitudes. Y, por supuesto, lloremos juntos nuevamente, pero para obtenerlos hay que interesarse y leer, aprender, escuchar, seguir leyendo, preguntar y reflexionar.

Los métodos vienen a continuación.

Se trata de pasos o procedimientos sistematizados para hacer bien las cosas. No tienen por qué resultar complicados, al contrario: su gran ventaja es que pueden ser simples, prácticos y cotidianos. Al nivel de una pyme, la mayoría no requiere dispositivos asociados ni contar con estudios avanzados o acreditar un máster en dirección de empresas. Y aunque muchos emprendedores no quieran creerlo y argumenten que dejarán el asunto para más adelante, es decir, para cuando adquieran cierto volumen de negocio, curiosamente incorporar método es fundamental para lograrlo.

El crecimiento inmediato también existe y es una amenaza real para cierta clase de pequeñas empresas que avanzan sin formalizar nada. La ausencia de método contribuye a que las personas trabajen a su manera y sin un rumbo determinado. Ponte a pensar: si cada uno tiene la posibilidad de hacer las cosas como quiere y cuando quiere, eso no es una organización y la situación terminará siendo ingobernable.

Los métodos actúan igual que los estabilizadores de un avión.

Son estratégicos y también son un patrón de conducta para ganar altura y sostenerse. Y su relación con el crecimiento de cualquier negocio es indiscutible. Otra cuestión es que algún consultor especializado en facturar honorarios a sus clientes te haya vendido metodologías kafkianas o impracticables, puestas hábilmente de moda en el poroso mercado de la consultoría. Es casi legítimo que los más listos lo quieran mantener oculto, pero los métodos tendrán siempre el nivel de complejidad que tú quieras aceptar. En eso se parecen bastante a los videojuegos modernos. Por ejemplo, la contabilidad es un método comparable a una balanza clásica de dos platillos, donde ambos se compensan para lograr un estado de equilibrio. Se trata de clasificar, registrar y analizar las operaciones comerciales de tu negocio.

Si tienes la formación adecuada, puedes utilizar un programa informático de gestión para agilizar y automatizar ciertos procesos, además de disponer de información actualizada para controlar, anticipar y no depender exageradamente de la asesoría de turno. Pero si eres de los que todavía está intentando encender un ordenador con la llave de la furgoneta, puedes hacer como Román, el de la cervecera Jatape de Maruri, en la Bizkaia casi profunda. Los vascos le dan ese nombre al lugar donde van los fines de semana a degustar pollo asado. Funcionan con un sistema de autoservicio y sus bonitas mesas de madera, alargadas y continuas, se comparten entre las familias.

Organizar un negocio de restauración para producir a tope durante buena parte de la jornada requiere de personal experimentado y de la aplicación de ciertas técnicas que forman parte de una metodología que los ingenieros industriales llaman *lean manufacturing*. Básicamente, se trata de mejorar el trabajo en equipo y diseñar procesos amables con el objetivo de reducir distancias y otras tareas intermedias que no aportan nada a nadie. El término *lean* en inglés significa «magro, sin grasa, delgado». Si, por ejemplo, vas a fabricar algo, implica eliminar desperdicios y pasos innecesarios. Igual que hace la cafetería de tu barrio o el imponente McDonald's de la ciudad de Oporto, la cervecera Jatape de Maruri utiliza ciertas técnicas *lean* para producir los mejores pollos asados de Bizkaia e intentar ganar dinero. Pero a pesar de sus esfuerzos y de tantos años alimentando a grandes y pequeños, durante un tiempo los números no cuadraban. Y la razón no estaba muy oculta: la administración no seguía ningún método, y las reglas las ponían los de fuera.

La preparación del fin de semana arrancaba los jueves por la tarde. Comenzaban a llegar los distintos proveedores y, curiosamente, todos cobraban en metálico y salían disparados a su próximo destino.

—Román, ¿qué haces?

—Pagarles...

—¿Eres el cajero automático del pueblo?

—Pues algo parecido...

Su restaurante era el suministrador infalible de dinero en efectivo para que los repartidores pudieran aguantar hasta el lunes. Después enviarían las facturas para contabilizar y ya se harían los reclamos en caso de faltantes. Pero una buena cantidad de facturas nunca llegaban, el IVA soportado (compras) era menor y el impuesto de sociedades subía artificialmente.

—Román, tenemos que hacer cambios.

—Te escucho, Néstor.

—A partir de ahora, los lunes vamos a ingresar toda la recaudación en el banco.

—¿Tengo que ir a la oficina de Mungia?

—Sí.

—Vale.

—Y los miércoles, tú y yo haremos los pagos a proveedores.

—¿Cómo?

—Por transferencia directa a su cuenta corriente.

—No les va a gustar, están acostumbrados a cobrar cuando entregan.

—Además, se acabaron las domiciliaciones.

—Me voy a quedar sin proveedores...

—Pues nos buscaremos a otros, que además nos darán un plazo mínimo de pago.

—Vaya...

—Se ha terminado eso de no verificar precios y cantidades, y pagar alegremente contra un albarán valorizado.

—Néstor, muchos son amigos, hace años que me venden.

—¿Alguno te ha invitado a cenar a su casa?

—No.

—Entonces no son tus amigos.

—Pero hace años que me venden.

—Con más razón, che.

—Pues se van a enfadar.

—También se acabaron los anticipos de nóminas en metálico.

—Me voy a quedar solo.

—Ya verás que no es así.

De los veinte proveedores habituales, quince aceptaron entregar el pedido semanal, dejar la factura en el momento o enviarla posteriormente por correo electrónico y cobrar por transferencia a los treinta días. Sólo cinco de ellos exigieron domiciliar los pagos o ponían fin a la relación comercial.

Por supuesto, encontramos nuevos proveedores.

El cambio de sistema no fue tan sencillo y alguno más terminó cayendo. Nada de domiciliaciones ni pagos al momento, el dinero de la cervecera Jatape lo administra la cervecera Jatape y ningún otro. Se contabilizan solamente las facturas bien hechas, legibles y con sus datos completos. Si se reciben dos días antes de su vencimiento, no hay pago en fecha. Si está emitida por El Pollo Turuleko, S. L., la transferencia se realizará exclusivamente a esa mercantil, no al gallo amiguete ni a cualquier otro titular.

Al principio teníamos una forma de procesar papeles muy sencilla y práctica, que consistía en clasificar las facturas utilizando tres carpetas plásticas de colores:

- La verde para las facturas originales debidamente conformadas, que, mensualmente y sin demoras, se entregaban en la nueva asesoría para registrar y contabilizar.
- La blanca para aquellas facturas originales que, por diferencias de precios u otras razones, no se podían conformar hasta aclarar el asunto o volver a negociar.
- La roja para guardar una fotocopia en blanco y negro de todas las facturas ya conformadas, pero atención con esto: a condición de que estén pendientes de pago. Se escribía una inscripción grande en rojo con su fecha de vencimiento y se ordenaban según la importancia del proveedor.

Por la razón o por la fuerza, como dice el escudo chileno, todos los miércoles Román y yo nos sentábamos con la carpeta roja en una mano y el saldo en cuenta en la otra, a decidir a quién podíamos pagar. Los que debían esperar a la semana siguiente, recibían una llamada para avisarles del retraso y dejarlos tranquilos. Antes hicimos un pacto con el único banco con el que trabajaba desde hacía quince años. En la primera visita, el director de la oficina pensaba que, debido al poco movimiento, la muy conocida cervecera Jatape disponía de un par de cuentas corrientes en otras entidades. Evidentemente no sabía que el dinero se repartía al ritmo que entraba y que los billetes que sobraban, con un poco de suerte, podían terminar en el banco. En la segunda visita le explicamos el cambio de sistema. Acordamos concentrar el ingreso en su entidad y realizar los pagos un día a la semana, a cambio de bajar la comisión mensual de los terminales de venta (TPV) y eliminar gastos de mantenimiento y comisiones por transferencias. Además, comenzamos a negociar la apertura de una cuenta de crédito y un *renting* tecnológico para mejorar el equipamiento de la cocina, que es como la sala de máquinas de un submarino.

Un hábito menor que aporta un beneficio mayor, dentro de un método sencillo de cojones, como diría Isra Bravo.

Porque el banco observa un manejo ordenado de la cuenta corriente y eso suma unos puntitos en el *scoring*. Porque ahora tú tienes el control. Tú tomas las decisiones respecto al dinero del negocio y tus proveedores frecuentes ven que los jueves han cobrado. Saben que siempre pagas, si no es esta semana, será la siguiente. Y si hay un problema, estarán más predispuestos a escucharte. En sólo tres meses, la situación evolucionó y comenzó a ser rentable. La cervecera Jatape de Maruri compraba a mejor precio y pagaba cada siete días, siempre por transferencia y desde la misma cuenta corriente. Hoy Román recuerda aquellos días con humor mientras su socio Ignacio lo sustituye al frente de los asadores.

Hay varios métodos lógicos y pequeñitos al alcance de una pyme, sin tener que traducir siglas o acrónimos pensados para impresionar a los novatos de turno. Si estás en el punto en el que necesitas mejorar ciertos aspectos del negocio, puedes echar mano de la metodología DMAIC. Se trata de un ejercicio práctico de cinco fases para ayudarte a resolver problemas de forma estructurada y evitar recurrir a la acción sin la preparación suficiente.

1. **La primera fase es la definición.** Es el punto de partida y no conviene que te lo tomes a la ligera. Aquí debes reflexionar, sincerarte y describir la situación actual y los

problemas que se generan, sin ocultar nada ni engañar a nadie. Tienes que saber hasta dónde quieres llegar con las soluciones para fijar objetivos, planificar e intentar presupuestar. Además, antes y después necesitas comparar algunas variables. Por lo tanto, la clave es recopilar datos y trabajar con hechos, no con opiniones.

2. **La segunda fase es la medición.** Si has establecido qué parámetros quieres medir, entonces tienes la información para entender cómo lo vienes haciendo. Podrás tener referencias más detalladas y comprender la capacidad disponible o la que realmente estás utilizando. Si se trata de algo más complejo, un esquema con el flujo de las tareas te servirá para representar la situación actual.
3. **La tercera fase es el análisis.** Ahora dispones de datos. Es el turno de investigar e identificar las causas del problema, establecer replanteos e hipótesis de mejora, y diseñar un primer plan. También de hacer números y revisar objetivos y presupuestos.
4. **La cuarta fase es la mejora.** Aquí es cuando comienzas a implementar las mejoras para probar si se trata de las soluciones que estabas buscando, confirmar su viabilidad y su capacidad máxima. Cuidado con abrazar ingenuamente los postulados de la mejora continua. La búsqueda interminable de oportunidades para corregir y ajustar constantemente cualquier cosa no está al alcance de todos.
5. **La quinta y última fase es el control.** Has puesto en marcha una serie de modificaciones que ofrecen los resultados esperados y quieres que se mantengan así. Por lo tanto, hará falta alguna forma de control para estabilizar la nueva situación.

La metodología DMAIC puede ser una herramienta tan compleja como quieras. Ahora bien, si tú puedes mejorar cualquier proceso elevando el pulgar de la mano derecha hasta sentir la dirección del viento y proceder en consecuencia, esto te parecerá una pérdida de tiempo.

Pero si lo intentas sin método, mejorar de verdad no es tan

fácil y tampoco tan rentable como parece a primera vista. Y cuanto mayor volumen tiene el negocio, más complicado y peligroso es el asunto. Te pongo un ejemplo muy didáctico: la pequeña sastrería madrileña fundada en 1890, que fue aumentando de talla y sumando departamentos hasta convertirse actualmente en El Corte Inglés. Estos prestigiosos almacenes cuentan desde 1969 con un centro en la muy elegante Gran Vía de Bilbao, donde voy cada tanto a comprar camisas, cuadernos Moleskine, chuches electrónicas, dulce de leche y yerba mate Taragüi. Aunque no vayas en primavera y cada vez dispongan de menos stock físico, puedes entrar y salir con tu producto y la factura simplificada sin contratiempos. Pero si necesitas una factura completa, es decir, a nombre de la empresa, lloremos juntos porque te mandan a la comisaría ubicada en el primer subsuelo. Perdón, quise decir al servicio de atención al cliente. Tú bajas las escaleras mecánicas, coges un número y esperas pacientemente los dictados de una pantalla. Sucede como en los mostradores de migraciones de todo buen aeropuerto internacional: alrededor del 50 por ciento están vacíos y, te repito, esperas pacientemente mientras la gente devuelve sartenes de hierro dulce, palas de pádel o pelotas de tenis, cafeteras italianas, zapatos con suela antideslizante o bailarinas de salón con piel efecto cocodrilo macho. Si pensáramos en términos de la metodología *lean*, esa que implica eliminar pasos innecesarios porque no aportan ningún valor a nadie, en especial a los clientes, me pregunto: ¿por qué razón no me dan la factura completa en el momento de la compra, igual que hacen los de Ikea? ¿Para qué me hacen perder el tiempo bajando y subiendo escaleras? ¿No tienen dinero suficiente para contratar un superconsultor en metodologías y cambiar sus procedimientos? Ahora imagínate la magnitud del proyecto: existen en España casi ciento treinta ubicaciones sumando *outlets* y grandes almacenes de El Corte Inglés. ¿Tú te atreves a enfrentar los costes de modificar los sistemas informáticos? ¿Quién les asegura que no van a perder información ni a detener la marcha diaria del negocio físico? ¿Utilizan un software neerlandés que no admite integraciones indoloras? ¿Van a volver a diseñar soluciones con una tecnología casi obsoleta? ¿Están ante una limitación técnica que no se puede superar? El Corte Inglés de Bilbao todavía no me puede facilitar una factura completa en el mismo momento de la compra. La complejidad tiene una relación directa con los recursos disponibles y ellos saben que la mejora continua es falsa y no es tan continua. Pero han crecido utilizando distintas metodologías y lo seguirán haciendo en el futuro.

Mientras tanto, tú tienes una pyme y te conviene incorporar método, no dejarlo para más adelante. Y te confirmo que, a pesar del tamaño, intentar mejorar a partir de conocer tu verdadera situación siempre es una buena opción. Eso pensaron un grupo de investigadores allá por los años setenta del siglo pasado y terminaron creando una matriz muy sencilla llamada FODA. Los ibéricos, que tienen tendencia a privilegiar primero la parte negativa de las cosas, prefieren llamarla DAFO. La cuestión es que ya está totalmente inventada, y se trata de un método sencillo y fácil de ejecutar.

Ve a la oficina y dile a tus socios que se reúnan contigo. Poneos cómodos y preparad un café porque habrá que reflexionar. ¿Tenéis un papelógrafo disponible para visualizar las ideas en conjunto? Comenzar una matriz FODA requiere, conceptualmente, distinguir dos áreas fundamentales que tener en cuenta y delimitarlas con claridad. Es habitual confundirlas y por eso hay que prestarles atención.

Por un lado, todo lo que ocurra dentro de la organización son aspectos o factores internos, y su funcionamiento depende de vosotros.

Por el otro, hay una serie de premisas o factores externos que escapan a vuestro control y nunca conviene desconocerlos.

No importa el tamaño, en cualquier organización sus fortalezas y debilidades son factores internos, producto de su propia capacidad y susceptibles de mejorar o empeorar sin intervención ajena.

No importa el mercado o sector de actividad, existen o surgen oportunidades y amenazas externas con el poder de cambiarlo todo o alterar las reglas del negocio.

Supongamos que habéis puesto en marcha una galería de arte contemporáneo en la Villa de Bilbao, a escasos minutos del

Museo Guggenheim. Queréis aprovechar el turismo cultural, un fenómeno reciente que atrae a visitantes europeos que buscan obras de artistas emergentes. Disponéis de unos 800 metros cuadrados de exposición, participáis en prestigiosas ferias internacionales y habláis estupendamente tres idiomas: euskera, español e inglés. Bravo por vosotros, che. Pero los potenciales clientes que llegan a Bilbao son mayoritariamente alemanes y franceses, y se sienten más seguros comprando arte en su idioma original. ¿Esto es una debilidad importante? Es muy probable, al menos lo era para vuestros principales competidores, que durante el último año han sabido encontrar a jóvenes aspirantes a galeristas que hablen otros idiomas y puedan complementar al experto en jefe.

Dejemos a los artistas tranquilos. Te propongo comprar una agencia de viajes madrileña que organiza increíbles safaris en el continente africano. Sobre todo son especialistas en Kenia, un maravilloso país con cincuenta parques nacionales, reservas de caza y playas espectaculares en el océano Índico. A diferencia de otras agencias, ellos optaron por desarrollar una infraestructura local. Han constituido una empresa filial con oficinas en Nairobi y Nakuru, tienen sus propios guías en plantilla y la flota de todoterrenos que utilizan es moderna y fiable. Las fortalezas de esta agencia madrileña son evidentes: están allí con sus clientes y ofrecen disponibilidad y proximidad. Pero si finalmente decidimos comprarla, tendremos que poner el foco en una primera debilidad: su posicionamiento en el canal digital es poco visible e irrelevante. Disponen de un presupuesto anual de 50.000 euros y los resultados son inciertos. Habrá que comentar el asunto con Devinsen Digital.

Si tus debilidades atentan contra los objetivos planteados, ya sabes lo que debes hacer: poner esfuerzo y recursos para revertir la situación. Pero, atención, recuerda conservar la energía suficiente para mantener en alto tus fortalezas.

Ahora bien, las amenazas son otra cosa y requieren de imaginación para prevenirlas o superarlas. La comisaria de Salud y Seguridad Alimentaria de la Unión Europea está masticando algunas modificaciones a la nueva Ley de Bienestar Animal. Ya sabes, si tienes en casa un chucho grandote, tendrás que contratar un seguro de responsabilidad civil y, además de ir por la vida con las bolsitas para recoger cacas, prepárate para completar un curso de capacitación preventiva. La noticia es que la aplicación de la normativa quiere ir mucho más allá. Fíjate en la situación en el sector avícola: una pequeña granja con capacidad para criar 18.000 pollos necesitará triplicar la superficie disponible. Es decir, si ya cuentan con una nave de 2.000 metros cuadrados, deberán construir otros 4.000 metros cuadrados de nuevas instalaciones. ¿Esto significa que el kilo de pollo entero también se triplicará? Algunas asociaciones de avicultores temen el cierre de varias explotaciones sin capacidad para realizar semejante inversión y, por ende, advierten de que el precio, como mínimo, se podría quintuplicar. ¿Son unos exagerados? Es evidente que la modificación de la Ley de Bienestar Animal sería una amenaza para muchos pequeños productores y una oportunidad para que los grandes inversores decidan potenciar la construcción de macrogranjas.

Para la cervecera Jatape de Maruri, ese lugar tradicional donde las familias vascas acuden los fines de semana a degustar el mejor pollo asado de Bizkaia, la amenaza es peligrosa. Con un *ticket* medio muy ajustado de 20 euros por comensal, su restaurante es una opción económica de calidad y da trabajo directo a doce personas. Llevan treinta años en el negocio y el pollo ha sido desde siempre su plato principal. Si finalmente se produce el cambio normativo, ¿estarán sus clientes dispuestos a pagar un *ticket* medio de 50 euros? Sin pensarlo demasiado, parece un tanto complicado gastar ese dinero para comer un pollo con patatas y beber una caña de cerveza. ¿Ha llegado el momento de importar un cocinero italiano y ofrecer las mejores pizzas de Bizkaia?

El cambio de las temperaturas medias anuales es un problema a nivel mundial. Según las conclusiones del Servicio de Cambio Climático de Copernicus, el programa de observación de la Unión Europea, los récords de temperaturas más altas y más bajas a la vez nos están llevando a una nueva normalidad climática. Este fenómeno no deja de ser una oportunidad para la pyme de

Marcos, una ingeniería que diseña y fabrica equipos para la refrigeración industrial. Por ejemplo, durante el período estival, los productores españoles de aceite de colofonia y otros derivados obtenidos a partir de la resina natural de las coníferas necesitan bajar en dos grados adicionales la temperatura del agua que utilizan en sus procesos de transformación. Las nuevas máximas exteriores modifican los parámetros y esto implica invertir dinero en aumentar la potencia frigorífica para poder seguir manteniendo la misma capacidad de producción. Y Marcos está trabajando con su equipo para incrementar la capacidad de diseño y fabricación. Es decir, para no desaprovechar la oportunidad.

Ya tienes las claves para dibujar el cuadro completo en el papelógrafo. Divide la hoja en dos partes: a la izquierda las fortalezas y debilidades (los factores internos), a la derecha las oportunidades y amenazas (los factores externos). La matriz FODA es un método muy práctico para reflexionar, visualizar y planificar los próximos objetivos.

Hay unos cuantos buenos métodos disponibles que no vienen con un consultor incorporado. Utilizando un libro y ganas de pensar, hasta puedes analizar la puesta en marcha de un negocio, paradójicamente, antes de ponerlo en marcha. O incluso mientras ya te da los primeros dolores de cabeza. En 2010, el suizo Alex Osterwalder, junto a casi quinientos profesionales de cuarenta y cinco países, presentó una guía práctica con un concepto novedoso: dividir un negocio en nueve módulos básicos que reflejen la lógica que sigue una empresa para conseguir ingresos. Los repartió en cuatro áreas principales: clientes, oferta, infraestructura y viabilidad económica. La guía pretende ayudarte a visualizar en un *lienzo* (*canvas* en inglés) el *modelo de negocio* o anteproyecto estratégico que quieres impulsar. Aunque también puedes utilizarlo para entender qué hace tu competencia para intentar que muerdas el polvo.

Pero ocurre que a veces las cosas marchan muy bien y un lunes por la mañana te das cuenta de que lideras una pyme con más de cincuenta personas y cuatro puñados de excelentes clientes. No quiero asustarte, pero vas a necesitar incorporar más método para sostener el negocio y la organización que supiste conseguir. En 1979, el ingeniero canadiense Henry Mintzberg analizó el asunto y construyó un método muy interesante y flexible que, como la leche chocolatada, resiste el paso del tiempo. Porque es evidente que una empresa es una forma de vida caótica que necesita disponer de cierto orden para funcionar en armonía. El modelo de Mintzberg sostiene que existen cinco elementos: conviene distinguirlos y visualizarlos porque integran la estructura de cualquier organización, aunque sea pequeña o mediana.

1. **Los estrategas:** son quienes representan lo más alto de la jerarquía, esos que están en la cumbre y tienen la visión global del negocio. Dirigen y fijan los objetivos. Lideran el diseño de las estrategias y son los responsables de su validación y aplicación.
2. **Los mandos intermedios:** aquí están los directores, jefes y supervisores cuyo trabajo es coordinar, distribuir y asignar tareas para alcanzar los objetivos. Son los responsables de áreas, departamentos y divisiones.
3. **La tecnoestructura:** su papel principal es aportar metodología y es un elemento fundamental para sostener el crecimiento del negocio. Estandarizan procesos, implantan sistemas de control y patrones de conducta. Facilitan, entrenan e imparten formación especializada, y también están pendientes de los cambios normativos.
4. **Los operativos:** son el conjunto de personas que realizan las tareas de producción, distribución o prestación de servicios. Ellos mantienen en movimiento constante a la empresa.
5. **El personal de apoyo:** están fuera del flujo de trabajo de los operativos y no se dedican a ninguna actividad principal. Prestan distintos servicios: mantenimiento, limpieza, administración, asesoramiento y gestoría, etcétera. Pueden ser parte de la plantilla o unidades externas que facturan como los demás proveedores.

¿Dónde está el gran beneficio de seguir el modelo propuesto por Henry Mintzberg?

Si quieres profundizar, habrá distintos matices derivados del tipo de empresa y de negocio que tengas. Por ejemplo, si vas a producir repetitivamente una pieza, la clave estará en estandarizar los procesos de fabricación. Ahora bien, si vas a diseñar y proyectar como hacen los estudios de arquitectura, las ingenierías y la mayoría de los prestadores de servicios especializados, lo que seguramente te convendrá estandarizar serán las competencias y el conocimiento de tu equipo. Y para lograrlo, el elemento integrador que Mintzberg denomina *tecnoestructura* es la clave ignorada o postergada por las urgencias del corto plazo.

Te pondré un ejemplo muy concreto y basado en hechos reales sobre el poder de la *tecnoestructura*, por ejemplo, en el ámbito comercial.

Una pyme es una organización pequeña y esos puntos de congestión llamados *cuellos de botella* pueden ser determinantes, más aún si se combina directamente la falta de rendimiento con la cifra de ventas. Si no ingresan los pedidos, no hay paraíso ni rueda en movimiento: no podemos entregarlos, facturarlos y cobrarlos. Ofrecer servicios o soluciones a medida implica desarrollar propuestas profesionales que necesitan un tiempo de estudio. Es muy distinto disponer de una tarifa para vender neumáticos o herramientas de jardín que ofertar la reforma de una vivienda o la automatización de una línea de producción. El problema siempre es el mismo: los potenciales clientes quieren algo más que un precio, exigen un presupuesto para definir características y prestaciones, fijar límites y establecer condiciones. Consideran que están en su derecho de solicitarlo y que, si pretendes vender, tú tienes la obligación ineludible de hacerlo. Para cuando te quieres dar cuenta, te has convertido en un fabricante de ofertas o propuestas personalizadas de servicio. Gracias al entusiasmo por vender, has caído en la trampa. Ofertar no es un trabajo en beneficio de la comunidad, sino del instrumento comercial que se utiliza para iniciar una relación comercial. Tú tienes la última palabra. Porque el negocio no está en fabricarle una oferta a quien te la pide, el objetivo es aprovechar los recursos disponibles con el propósito de obtener los potenciales mejores pedidos. De lo contrario, entrarás a los bandazos en uno de los cuellos de botella más antiguos y previsibles de la actividad comercial.

¿Recuerdas a mi amigo Ramón de Toledo, el que facturaba siete millones de euros construyendo viviendas unifamiliares? Lo mencionamos en el capítulo 3 (página 52). Vuelve a leerlo, que aquí te espero.

Su error fue no disponer de un método para evaluar cuándo le convenía, y cuándo no, invertir tiempo y esfuerzo en realizar una oferta completa de servicios. Sin conocer otras opciones, decidió superar el cuello de botella contratando los recursos profesionales que su departamento técnico le pedía para cumplir con los comerciales. Lamentablemente, se sobredimensionó. Ofertaba todo para todos. Ingresaba pedidos que no le favorecían a un coste insostenible. No tenía a nadie pensando en *modo tecnoestructura*, porque no se trataba de un elemento que visualizara como parte estructural de su pyme. Muchos Ramones tampoco lo visualizan. Ramón de Toledo es un emprendedor y no tengo dudas de que lo volverá a intentar. Su primer fracaso le ha dado mucha información y tiene la energía suficiente para salir adelante. Ha diseñado una matriz comercial sencilla y práctica para valorar, ponderar y concluir si realmente le convendrá hacer una oferta en concreto y comenzar así la relación con el cliente.

La matriz de Toledo para ofertar la construcción de viviendas dispone solamente de cinco criterios. Pero atención si tú no eres de Toledo puedes identificarla como: *matriz de primer contacto*.

¿Sabes utilizar el Excel? Se trata de diseñar una hoja de cálculo sencilla con un formato predeterminado. Cada uno de sus cinco criterios se tiene que poder valorar siempre por medio del mismo puntaje: 1 / 2 / 3.

Pero existe una segunda valoración o ponderación, oculta dentro de la fórmula matemática, porque resulta evidente que los cinco criterios no poseen el mismo nivel de importancia. El puntaje puede repetirse: 1 / 2 / 3.

1. **Primer criterio: financiación.** ¿El potencial cliente cuenta con fondos propios y préstamos bancarios? Es decir, ¿ya tiene el dinero que necesita para hacer la obra? No vale suponerlo, hay que preguntarlo y obtener una respuesta clara. Este criterio es fundamental y su ponderación será máxima: 3.
2. **Segundo criterio: proximidad.** ¿A cuántos kilómetros estará ubicada la obra? La distancia es un factor que considerar. Viajar a diario 200 kilómetros de ida y vuelta es cuatro veces más que 50 kilómetros. Para los proveedores habituales, muy reacios a los desplazamientos, también. Este criterio es significativo y su ponderación será intermedia: 2.
3. **Tercer criterio: disponibilidad.** ¿Cuándo tienen previsto iniciar la construcción? ¿Ya disponen de licencia municipal? ¿Qué prisa les corre? La capacidad tiene sus límites y las obras hay que organizarlas y planificarlas. Esto implica que no siempre se puede cumplir con las exigencias de los potenciales clientes. Ellos necesitan arrancar la obra en marzo, pero hasta septiembre no es posible. Este criterio es significativo y su ponderación será intermedia: 2.
4. **Cuarto criterio: prestaciones.** Algunos quieren ventanas de aluminio con cristales bajo emisivos, grifería italiana de diseño y revestimientos cerámicos de gran formato para obtener un aspecto moderno y minimalista. Otros potenciales clientes buscan el precio más económico y no prestan atención a ciertas prestaciones. No les interesa el nivel de aislamiento térmico ni el toque de exclusividad. Este criterio es relativo y su ponderación será inferior: 1.
5. **Quinto criterio: volumen.** ¿Cuántos metros cuadrados hay que levantar? Una obra ubicada a 75 kilómetros de distancia para construir una vivienda de 300 metros cuadrados, ¿es preferible a otra de 150 metros cuadrados a sólo 25 kilómetros? Este criterio es fundamental y su ponderación será máxima: 3.

Una vez terminada la plantilla Excel, se fija un indicador porcentual para facilitar la clasificación. Después de incluir las valoraciones de cada caso, si el resultado está por encima del 75 por ciento, se trata sin duda de un potencial cliente que amerita una oferta detallada de construcción. El tiempo y el esfuerzo técnico se concentrarán en la obtención de los mejores contratos de obra.

Puedo decirlo más alto, pero no más claro. ¿Quieres emprender? No subestimes el poder del método.

12

Los eslabones de la cadena: cuando el más débil eres tú

Noviembre de 2023 en el hotel Carlton de Bilbao. Doscientos emprendedores en prácticas han pagado su entrada para escuchar las respuestas de Isra Bravo a las preguntas que le tengo preparadas. Entre los asistentes se encuentra Jesús Alonso Gallo, creador de restaurantes.com y del famoso videojuego PC Fútbol. Ahora es un inversor profesional y la ocasión es magnífica para conocer su opinión sobre un punto culminante: ¿vale más la idea de negocio o el equipo que la pone en marcha? Jesús es un veterano muy directo y no deja lugar a ninguna duda:

> **La idea no vale una mierda...** Todo el mundo tiene ideas. En el bar, bebiendo cervezas, la gente tiene ideas. ¡Son todas una basura! Lo único que tiene valor son las gónadas de decir que esta idea yo la voy a ejecutar. Las personas son *blablateadoras*. Son de predicar, pero no de dar trigo. Todos podemos tener ideas, pero emprender es someter las ideas al mercado. Lo que tú crees que es interesante, igual es una imbecilidad. Los señores clientes te dan la razón o te la quitan.

Cuando una idea es buena, es porque encuentra clientes que la compran

Las carcajadas iniciales dieron paso a unos minutos de reflexión pública. Entre los presentes seguramente habría unas cuantas ideas que no valían una mierda. Las palabras de Jesús Alonso Gallo tenían el poder de una advertencia atronadora: el esfuerzo es un aliado imprescindible, pero no te confundas, porque no es una garantía. Es el punto de partida para los verdaderos emprendedores y también la barrera invisible que separa a quienes solamente juegan con las posibilidades. Los que deciden poner en marcha una idea van superando poco a poco su nivel de incompetencia. Aprenden y avanzan, y a veces el mercado los invita a regresar a la casilla de salida. Los otros juegan y se marean. Van masticando y batiendo la misma idea sin despeinarse demasiado. Son *blablateadores* o tímidamente incompetentes. Los deslumbra la pasión del emprendedor, pero sólo experimentan ambiguos destellos de colores. Su ambición se desinfla con cada exposición y su necesidad es muy discutible. ¿Conseguirán avanzar? Emprender es una decisión personal y nadie está obligado a ello. Si en realidad se trata de futuros emprendedores que navegan para escapar de su propio dilema, ya tocarán tierra y buscarán comida.

¿Tu idea es una mierda o el problema es tu nivel de incompetencia?

La incompetencia es un fenómeno que persigue a todas las formas de vida, incluyendo por supuesto a los más exitosos. Se respira igual que el oxígeno y se puede ocultar bajo los delicados olores de una fragancia francesa. Allá por 1969, mientras el *Apolo XI* nos permitía pisar la luna y los Beatles inmortalizaban el paso de cebra de Abbey Road, el multifacético Laurence Peter nos advertía de nuestra magna incompetencia. Se publicaba por entonces la primera edición de *El principio de Peter*, un polémico e icónico librito que, al igual que el Aston Martin

DB5 de James Bond, ya es un clásico. ¿Hasta dónde podremos llegar? Por ahora, Marte seguirá esperando, y la primera base lunar, también. La tecnología es un producto humano para resolver problemas y satisfacer necesidades. Depende de la evolución de la ciencia y de las organizaciones corporativas. El principio de Peter resiste el paso del tiempo y establece que, en una jerarquía, toda persona tiende a ascender hasta su nivel de incompetencia. Por lo tanto, en las organizaciones modernas, el trabajo es realizado por aquellos que nunca podrán elevarse a una altura suficiente para alcanzar su nivel de incompetencia. Si no entendemos esto, la primera base lunar estará cada vez más lejos. En otras palabras, Laurence Peter vino a decir lo siguiente: para que un negocio crezca, te conviene saber que los mejores vendedores pueden no ser capaces de dirigir con acierto un equipo comercial.

Lloremos juntos y bebamos a tu salud para evitarte disgustos, pero si quieres emprender debes aceptar la universalidad de la incompetencia. Empezando por la tuya, claro. Esto tiene todo el potencial de resultar una tragedia. Mantén la calma, por favor. En realidad, poner en marcha un negocio también implica la capacidad de empujar continuamente tu nivel de incompetencia hasta encontrar el límite. Es parte del esfuerzo. Mejor dicho, un límite determinado dentro de un contexto preciso. Porque un emprendedor sabe que los conocimientos no caen del cielo y busca fortalecerse, no lamentarse. Entonces se suceden unos cuantos *falsos límites* hasta que te aproximas al único y definitivo. Aunque dicen los psicólogos y neurólogos que ese límite también puede moverse, según la plasticidad natural de nuestro cerebro.

Cuando empiezas, tú lo haces todo o casi todo. Y si cuentas con un socio, entre los dos lo hacéis todo o casi todo. Habitualmente, es lo que tiene el principio. Distintos consultores de verdad han querido echar una mano intentando explicar el desarrollo de las actividades de un negocio. Utilizan el ejemplo de una cadena, de esas que tienen eslabones mecánicos y transmiten movimiento. Unos las llaman *cadena de valor* y otros, *cadena de suministro*. Algunos aseguran que son dos conceptos distintos y hay quienes sostienen que se trata de lo mismo. En resumen, hay unas cuantas cadenas bien lubricadas dando vueltas por ahí, pero nadie te advierte que, al empezar un negocio, el único eslabón eres tú. Y el nivel de incompetencia está siempre acechando o pidiéndote más. Te propongo analizar el asunto y ordenar las actividades de la cosa, proceso a proceso y sin complicarla, que para eso ya tendrás tiempo.

Vamos a diseñar la cosa.

Es un producto o un servicio. Es verde y no lleva pilas. Es sumergible y no tiene lucecitas. Hay que leerlo y practicar por las mañanas. Hace poco ruido y no pesa nada. Va desarmado y sin tornillos. Se descarga de una nube y entretiene. Es la cosa maravillosa que cumple con los requisitos de diseño y, demos gracias al Señor, responde a las necesidades explícitas de nuestros amados clientes.

Vamos a vender la cosa.

Hemos segmentado y tenemos una estrategia con canales y política de precios incluida. El sitio web es muy chulo y la gama de colores es diferencial. Las fotos en Instagram no sirven para nada, pero no molestan. En una semana vendimos doce carritos a tope de cosas electrotemáticas y hay felicidad en nuestros corazones.

Un poco de planificación, que nos come el león.

De esto te encargas tú y de aquello también. Las cosas amarillas se fabrican primero y las rojas después. Las verdes que no llevan pilas se las pedimos a un proveedor. El turno de la tarde es para mí porque me levanto cuando quiero. O trabajamos cincuenta horas semanales o no cumplimos el plazo, y la noche es para dormir.

Abastecernos es lo siguiente.

Hay que comprar pintura y maderitas, y encargar los botones plásticos que ya no tenemos. El sulfonato de sodio hay que pedirlo rápido porque viene de Italia. Todavía no recibimos la placa base que se debe soldar siempre al pirulómetro que va dentro de la cosa electrotemática esa. Tampoco tenemos suficientes ojales.

Cámara y acción, que toca fabricación.

Las máquinas son modernas y nuestras manos hacendosas producen a tope. Date prisa que a este ritmo nos come el león. La calidad es lo primero. Perseguimos la excelencia, pero si estas mierdas no pierden líquido refrigerante antes de embalarlas, vamos ganando. ¿De quién fue la idea de vender esto, tuya o de la madre que te parió?

Rodando y rodando vamos entregando.

Un transporte va hacia el norte y otro hacia el sur. Esto lo llevas tú que te queda de camino. La furgoneta se queda pequeña. Las cajas son resistentes y van perfectamente cerradas. Todos los pedidos han sido servidos en tiempo y forma. Uno para todos y todos para uno.

Los flujos de retorno vienen marchando.

Al parecer, el cliente del norte a la derecha dice que nos pidió media docena de cosas verdes y otra media de amarillas, y se las enviamos todas del mismo color. Que nos devuelve seis porque con el resto se arregla y que le enviemos la factura de abono. Y ayer recibimos dos con el pirulómetro dañado y hay que reponerlos mañana.

Listo, todo el pescado vendido. Nos vamos para casa.

Los siete procesos principales que te he presentado serán el día a día de tu negocio. Ordenados de esta forma, hasta parece muy sencillo eso de emprender y no morir en el intento. Pero ya te lo puedes ir imaginando: en cada proceso existen varios subprocesos simultáneos y, cuando la cadena tiene solamente un par de eslabones, hay que hacer de todo y en cualquier momento. Puedes acostumbrarte e ir dominando la situación durante el tiempo que quieras. Ahora bien, si tu objetivo legítimo es crecer, es obvio que vas a tener que incorporar más eslabones. En el ámbito de las multinacionales los denominan recursos humanos, pero tú los puedes llamar simplemente empleados. ¿Dónde poner mi próximo eslabón? Vamos a considerar los procesos y subprocesos como un conjunto general de actividades. Es evidente que, para la evolución de tu negocio, algunas son más importantes que otras. Además, personalmente no hay que olvidar que tú te sientes muy cómodo o mejor preparado para hacerte cargo de unas que de otras. ¿Tu socio sigue en la pyme contigo? La fórmula es muy sencilla: si entre ambos podéis retener a gusto las actividades principales, esas que dan valor de verdad y marcan la diferencia con los clientes, bien por vosotros. Pero habitualmente el crecimiento impone sus propias leyes y te conviene respetarlas. A veces retener es frenar demasiado. Entonces debes empujar tu nivel de incompetencia hasta nuevos límites. Necesitas aprender a controlar las actividades principales y responsabilizarte de sus resultados. Ése es el criterio fundamental para poder sumar eslabones a tu cadena, ése es el principio para darles la bienvenida a tus primeros empleados. Ellos comenzarán asistiendo en aquellas actividades de segundo nivel o apoyándote en las principales. La estrategia para incorporar eslabones la diseñas tú, respetando siempre las características del negocio.

Ha llegado la hora de delegar.

No me digas que no sabes hacerlo, eso ya lo he escuchado infinidad de veces. O que tú no puedes delegar porque la excelencia es tu meta y las imperfecciones son huellas imborrables que un trabajo bien ejecutado no debe permitir. Las paralelas se cortan en el infinito y nadie hará jamás las cosas como tú. Para bien o para mal, ambos extremos son totalmente ciertos. Delegar también es una estrategia y su objetivo es ganar tiempo disponible para que los líderes se ocupen de funciones esenciales o indelegables. Es decir, para que hagan lo que tienen que hacer y lograr que el negocio avance. ¿Quieres liderar o guardar los juguetes bajo la almohada para que no los utilice nadie? Vayamos por partes, como hacía Dexter, el asesino servicial de Miami-Dade. ¿Por qué razón nos cuesta tanto delegar? El psicólogo estadounidense David McClelland desarrolló una interesante teoría que sigue funcionando a las mil maravillas. La explicación está al alcance de los perfeccionistas y otras formas de vida. Está muy claro que si tú delegas vas a ganar tiempo para hacer cosas más importantes. Pero, al parecer, hay líderes que sospechan que delegando van a perder más de lo que ganan. ¿Quién los convence de lo contrario? La teoría de McClelland se basa en tres necesidades universales y compartidas, que motivan a la mayoría y se combinan formando un bonito triángulo.

1. **Necesidad de reconocimiento o afiliación.** Queremos gustar, socializar, ser aceptados y sentirnos queridos por

los demás. Colaboramos para trabajar juntos, competir entre nosotros es secundario. Preferimos los vínculos amistosos y duraderos, y evitamos las situaciones de riesgo. No cambiamos las normas por miedo a ser rechazados y estamos encantados cuando recibimos las señales de pertenencia al grupo o equipo. Pero no hay que confundirse: intentar ser aceptado donde te odien más es otra cuestión.

2. **Necesidad de poder.** Ya sabes, el poder es una fuerza relacional. Algunos lo consideran un juego social muy engañoso y sutil que debe parecer civilizado y decente. Otros lo rechazan o lo niegan como si ejercerlo les otorgara una virtud moral. Pero el poder es, en esencia, amoral. Y es entonces cuando, al entenderlo, se dejan las frivolidades de lado y se ejerce en consecuencia. Si te gusta el poder, quieres competir y ganar. Necesitas controlar a otras personas e influir en su comportamiento. La autoridad y el reconocimiento social son elementos importantes para ti. El equilibrio está en el nivel de responsabilidad personal que cada uno de nosotros pueda tener respecto al manejo del poder.
3. **Necesidad de logro.** Es decir, de cumplir con los objetivos. Queremos rendir al máximo y sobresalir. Nos gustan los resultados tangibles, los elogios y las recompensas. Especialmente los elogios. Las jerarquías duraderas se obtienen trabajando más y mejor. Los desafíos complicados no son para cualquiera y saber calcular los riesgos es fundamental.

La teoría de McClelland sirve para entender por qué los líderes normalitos consideran que delegar es perder en lugar de ganar. La clave está en sus emociones. Su necesidad de estar siempre presentes no permite que alguien se ocupe de sus logros u objetivos. Asumen que delegar es perder una cuota de poder y los demás terminarán yendo por las suyas. Y si encima lo hacen bien, peor aún. No toleran que no se les consulte y se sienten desplazados. Nadie les agradece la oportunidad que implica el hecho de delegar en otros. La respuesta a estas emociones es el bloqueo directo ante cualquier posibilidad de delegación. Pero como nadie declara contra sí mismo, dicen que no saben hacerlo y aquí no hay quien viva ni se sume con mucho empeño al equipo.

Si tú ya sabes que delegar es ganar, ahora comienza otra película.

La mayoría de las pymes adquieren algunas costumbres que conviene superar con el paso del tiempo. O, si lo prefieres, con el crecimiento sostenible. Por ejemplo, firman contratos de relativa o gran importancia sin contar con la opinión de un abogado mercantil, argumentando que resultan caros y un tanto arrogantes. También contratan personas para puestos de calado sin la participación de un buen psicólogo que aporte sus reflexiones. Es que son muy raros y lo analizan todo. Equivocarse en estos dos casos trae sus consecuencias, pero como aprender es un deporte de contacto, vamos partido a partido. Cuando tenemos poca experiencia y necesitamos emplear a gente, a pesar de dar un salto hacia delante, cometemos una serie de errores habituales. Contratamos a familiares, amigos, familiares de amigos de otros amigos y desconocidos con un bonito currículum. Si además lo hacemos con prisas y urgencias, es muy probable que terminemos viendo a las personas como nosotros queremos que sean, en lugar de como realmente son. Y si alguien nos ha dicho que las entrevistas de trabajo deben ser un asunto serio y formal porque los candidatos se juegan su futuro, pues ya estamos listos para recibir la medalla de goma a la conservación del pulpo mimético. ¿Tú no quieres contar con la ayuda de un psicólogo? ¿Tampoco con un experto en selección de personal? Vale, por el momento lo voy a aceptar y te voy a contar cómo hago mis entrevistas de trabajo en el entorno pyme. No soy un especialista. No repito preguntas de manual ni le doy mucha importancia al *First Certificate in English.* Procuro establecer una comunicación fluida y normal entre dos personas que intentan descubrirse. Dejo fuera cualquier símbolo de poder y quiero que prevalezca la naturalidad y la cordialidad. Se trata de estar distendidos y charlar animadamente. En general, no utilizo una oficina, suelo proponer una caminata o buscar un sitio tranquilo para compartir un café. Si avanzamos y el puesto que cubrir es importante, seguramente lo invitaré a comer. Tengo claro que es una elección mutua y ambos necesitamos la misma comodidad para poder hacer preguntas. Quiero escuchar experiencias. ¿Qué has conseguido trabajando? ¿Has liderado? ¿Por qué te interesamos? ¿Qué quieres que te suceda en el futuro? Despliego con delicadeza un paquetito de preguntas personales para ubicar al candidato en mi mundo ideal. Y al finalizar, invito siempre a cerrar la charla con una propuesta insólita: hazme tres preguntas sobre cualquier tema, el que se te ocurra. Estoy seguro de que con esto te vas a sorprender y puedes aprender mucho. Hay quienes aprovechan muy bien el ofrecimiento, pero hay algunos... ¿Sobre cualquier tema? Te quedan dos preguntas... ¿Incluso si no son laborales? Te queda una pregunta... ¿A qué hora se termina de trabajar los viernes?

Ya lo leíste en el capítulo 2, el talento no es conocimiento, como aseguran ciertos académicos. Al menos en el entorno de la empresa, es el producto de multiplicar competencia por compromiso. ¿Existe alguna prueba para detectar a los potenciales talentosos de verdad?

Mayo de 2023 en el Silk La Moraleja de Madrid. Cien personas de buen ver y sentir han pagado su entrada para escuchar mis respuestas a las preguntas que Mago More me tiene preparadas. Los emprendedores son mayoría y la noche es estupenda. Soy un veterano saliendo de la clandestinidad y More quiere que cuente mi viejo método para detectar a los talentosos y trabajar con aquellos que lo valen. Siempre he considerado que un buen jefe es un formador, un entrenador y un facilitador, y que solamente controla con el objetivo de estabilizar un proceso. Más aún en el entorno de una pyme, donde la motivación y el sentido de pertenencia no son fáciles de lograr. En épocas cercanas, cuando tantas cosas que hoy están mal vistas no molestaban a nadie, al finalizar mis entrevistas, hacía una propuesta adicional. Esto surgió ante la presión por poner en marcha un proyecto que no se podía demorar, de lo contrario la competencia nos anticiparía a nosotros. Había que incorporar a jóvenes promesas al equipo y no perder el tiempo con esos que te dicen: «No me había planteado cambiar de trabajo, pero si la oferta es buena...». Tres ingenieros bien vestidos y afeitados llegaron a la entrevista final. Las oficinas estaban en un barrio tranquilo del Gran Buenos Aires. La cita era a las 19.30 h, porque si tu prioridad es encontrar un buen trabajo, el horario es lo de menos. Christian Mezihorak estaba entre ellos. Tenía cara de eslavo recién importado, pero era y es tan argentino como el tango. Después de una hora de amistosa charla, casi decidido a contratarlo, puse mi mejor cara de comisario inspector y le dije:

—Christian, parece que tienes ganas de trabajar con nosotros.

—Así es, muchas.

—Ahora eres un ingeniero joven con poca experiencia.

—Pero aprendo rápido, te lo aseguro, Néstor.

—Consígueme un hacha.

—¿Un hacha?

—Sí, un hacha de jardín, normalita.

—¿Ahora?

—Sí, ahora.

—¿Dónde puedo comprarla?

—Por aquí no hay comercios, no tengo ni idea.

—¿Un hacha?

—Sí, de esas de jardín. De mano, normalitas. No la voy a utilizar para romper puertas como hace el loco de Jack Nicholson en *El resplandor*.

—Esto no me lo esperaba...

—¿Puedes conseguirme un hacha?

—Si me voy y regreso más tarde con un hacha, ¿me das el trabajo?

—Es posible.

—¿Cuánto tiempo tengo?

—Una hora como máximo.

Media hora después el joven señorito Christian Mezihorak se presentó nuevamente en mi oficina con una sonrisa pletórica en la cara y una pequeña hacha para cortar leña en la mano. Lo que hizo para conseguirla resultó muy práctico: al no disponer del tiempo suficiente para ir a un centro comercial, fue de puerta en puerta por el barrio hasta que una encantadora vecina le prestó sus herramientas de jardinería. Los otros dos candidatos no quisieron intentarlo y me honraron con sus maldiciones. Detrás de Christian vinieron unos cuantos más con ganas de trabajar y aprender. O al revés, eso no importa. Todavía guardo en mi casa de Bilbao una de esas icónicas hachas de mano. Gracias a la ocurrencia, he trabajado con magníficos colaboradores con los que, a pesar de los años, sigo manteniendo la relación y cada tanto nos reímos de aquellas primeras entrevistas. Hoy en día, todos ocupan puestos directivos o han creado sus propios emprendimientos. Aprovechaban sin dudar la oportunidad y reconocían el esfuerzo por formarlos y entrenarlos. Poco a poco, subían el nivel de competencia y su compromiso nunca aflojaba. Después la vida hizo lo suyo y nos repartió por el mundo mundial, pero ésa es otra historia.

Los tiempos cambian, y las formas de dar con potenciales talentosos también. Recuerdo a Víctor, Alicia, Endika y especialmente a la buena de Isabel, una asturiana de letras que desbordaba vitalidad y ganas de hacer. Pero resulta que éramos pocos y los eslabones debían ser muy resistentes. ¿Cómo saberlo? En la entrevista final le pedí a Isabel que me explicara el funcionamiento de un motor de cuatro tiempos, de esos que van en el morro del coche y consumen dinosaurio líquido. Se puso seria y me miró como Miranda Priestley, la asfixiante jefa de *El diablo se viste de Prada*, miraba despectivamente a sus ayudantes.

—¿Te refieres a un motor de cuatro tiempos?

—El que trae tu coche, Isabel.

—¿El de gasolina?

—Ese mismo.

—He venido en un Ford Fiesta.

—Lo puedes encontrar debajo del capó delantero.

—Vale, ya entiendo.

—Pues regresa mañana sobre las nueve y me lo explicas.

—Son casi las ocho de la tarde, ¿podría ser a las doce?

—Mejor a las diez, después lo tengo complicado.

—Sabes que soy de letras, ¿no?
—Lo sé.
—Vale, nos vemos mañana, graciasss.
—De nada y hasta mañana.

Isabel regresó catorce horas más tarde, pidió una pizarra y comenzó su exposición. Había hecho un esfuerzo importante por entender el funcionamiento de un motor de combustión y sus cuatro enigmáticos tiempos. La mecánica no era una de sus materias preferidas, pero ella aceptó el desafío y no retornó para hacer el ridículo. Al contrario, su explicación estaba mejor razonada que la de muchos candidatos con la formación técnica adecuada. Trabajamos juntos y a gusto durante cinco años, hasta que nuevamente la vida hizo de las suyas. Porque el talento es propiedad de cada uno y la buena gente, cuando quiere y se lo propone, sigue su camino. Es inevitable y no puedes enojarte por eso.

Delegar es una estrategia y su objetivo es ganar tiempo disponible para que un buen líder se ocupe de funciones esenciales o indelegables.

Al parecer, hemos avanzado tanto que la mayoría de nosotros tiene claras las diferencias entre liderar y mandar. Si te comprometes con el desarrollo de las personas que trabajan contigo y las inspiras, los filósofos dicen que estás liderando. En cambio, si utilizas tu posición para dar simplemente las órdenes, lo que haces es mandar. Es tu negocio y tú eliges. Los líderes marcan criterios, no temen a los conflictos, anticipan situaciones y no se esconden. Trabajan para el mundo que está por venir y tienen claro que el estado de ánimo es eso que ellos mismos generan con su presencia. Ven personas, no empleados. Aceptan la universalidad de la incompetencia y están pendientes de sus límites. No se olvidan de que el ejemplo es el mejor instrumento pedagógico. Liderar es comunicar, escuchar y respetar todas las contribuciones. Los líderes saben que muchas veces es conveniente tener la suficiente ignorancia en el tema. Pueden empujar para obtener resultados o conducir para transformar el estado de las cosas. Pero no están obligados a ser impolutos y exitosos, ni tampoco más fuertes que John Wick.

¿Tú quieres liderar?

Magnífico, te estábamos esperando. De entrada, para hacerlo bien debes reunir tres atributos que los demás tienen que reconocer. Tres, no dos ni uno. De lo contrario, el desgaste de energía te llevará por delante y tirarás la toalla antes de tiempo.

1. **Reconocimiento técnico.** No hay dudas, cuentas con la capacidad para ponerte al frente. Sabes de qué va el asunto y tienes la experiencia necesaria. Conoces las reglas y las características del sector de actividad, del producto o de las soluciones que implementar.
2. **Reconocimiento moral.** No tienes antecedentes ni hechos oscuros o reprochables que ocultar. Tus opiniones no son controvertidas ni escandalizadoras. No eres perfecto y habrás cometido errores, pero tu comportamiento siempre ha sido honrado y creíble.
3. **Reconocimiento legal.** Alguien anuncia que tú eres el elegido y eso no se discute. Lo hará el socio principal, el comité de dirección, el director general o la cantidad de participaciones sociales que tú guardes en el bolsillo. Es decir, el que tenga el poder de decidirlo no dejará dudas sobre quién tendrá la autoridad que otorga una posición determinada dentro de la organización.

Puedes llamarlos condiciones, requisitos, características, atributos o los tres puntos cardinales de Saturno. La clave está en el reconocimiento efectivo, porque la imposición de un pretendido líder nunca funciona bien y termina siendo una condena para todos. Además, habitualmente genera dos inconvenientes clásicos: inmovilización y desmotivación. Lo he visto en varias pymes en edad de merecer y es perfectamente evitable. Por ejemplo, poner a una persona al frente de un equipo pero sin confirmar su autoridad da paso a disputas y desafíos para dirimir quién es quién. Peor aún, algunos utilizan la falta del reconocimiento legal para organizar un cuadrilátero de boxeo virtual y optar después por coronar al ganador de la lucha. Son torpes, malintencionados o ignorantes y le atribuyen al perdedor la debilidad que no quieren para su negocio.

Otros descubren que el reconocimiento moral es más importante de lo que parece. Recuerdo el caso de un cocinero famoso, amiguete vasco de toda la vida, y su buen colaborador Mario. Llevaban años trabajando juntos y el negocio no dejaba de crecer. La primera estrella Michelin le dio un impulso adicional y la plantilla del restaurante principal ya rondaba las cuarenta personas. Había llegado el momento de una nueva reorganización y Mario reunía todas las condiciones para liderar el equipo. Bueno, todas no. Sus compañeros no le daban el reconocimiento moral y entonces comenzaron a sonar las alarmas. ¿Qué había sucedido? Cinco años atrás, Mario había metido la mano en el bote general de las propinas. Lo descubrieron y dio explicaciones, pidió mil veces disculpas y muy avergonzado devolvió el dinero. El incidente fue superado y todos siguieron trabajando juntos, porque un error lo tiene cualquiera. Pero entregar el dinero sustraído no le devolvió el reconocimiento moral. ¿Una tontería? ¿Una exageración? El cocinero famoso sabía de gentes y de fogones, y respetó el sentir de su equipo.

¿Tú vas a emprender o estás buscando trabajo? Si vienes con un hacha de jardín, podemos hablar.

13

Piezas sueltas: para encajar e inspirar

Amueblamos y decoramos las casas para darles contenido y forma de hogar. Pero lo llamativo es que no nos gusta husmear mucho tiempo detrás del mismo visillo. Cada tanto cambiamos algún elemento o incorporamos ese algo nuevo que las personaliza y las refresca.

Los emprendedores bien orientados hacemos una cosa parecida con nuestra mentalidad. Partimos de un conjunto de supuestos que cada tanto se ven sorprendidos por un hecho o una situación refrescante, inesperada. Observamos, reflexionamos y sentimos. Si somos listos, nos flexibilizamos para ser entrenables, evitando defender la razón propia hasta morir, como haría un samurái del antiguo Japón.

Curiosamente, mientras avanzamos y nos damos cuenta de qué nos sucede realmente, resulta que también nos estamos dando forma a nosotros mismos. Vamos sumando vivencias que tienen el poder de disminuir nuestra arrogancia. Descubrimos la sencillez de la inteligencia ajena o la cruda sutileza de las palabras bien dichas en el momento adecuado. El tiempo pasa para todos y al principio esos hechos se confunden con buenos recuerdos, pero con la edad entendemos su verdadero poder: han adquirido la consistencia de un hito. No fueron las piezas sueltas de un armario mal armado comprado en una tienda de Ikea. Se trata de esos avisos que aparecen cada tanto en nuestro camino para señalarnos una nueva dirección. Mientras algunos mortales no los perciben o simplemente los ignoran, otros los elevan al rango de profecías. Personalmente, estoy convencido de que son inspiraciones que se presentan cuando ya tienes el don para poder interpretarlas y compartirlas.

La competencia

Después de quince años trabajando en el sector eléctrico, había llegado el momento de dar un paso al costado. Por motivos personales, decidí tomar distancia y buscar mi destino en otros ámbitos. La producción de programas de radio me gustaba y comenzaba a descifrar poco a poco sus códigos. No pasaron dos semanas en el nuevo proyecto cuando en mi Nokia 1011 recibí la insólita llamada de Hugo Bonato, uno de mis competidores locales. Nos habían presentado tiempo atrás en Madrid y aprovechamos aquella ocasión para comer juntos y conocernos. Cada tanto nos cruzábamos en alguna feria nacional o internacional y siempre mantuvimos una relación cordial y amistosa. Mi alejamiento de la empresa a la que había dedicado una década ya era *vox populi* y Hugo no tuvo mejor idea que llamarme para decirme un par de cosas. No recuerdo sus palabras exactas, aunque sí su mensaje: quería despedirse del contrincante que le había marcado el camino y al que admiraba por su liderazgo y visión estratégica. Su sorpresivo reconocimiento fue un magnífico regalo para mí y un ejemplo de la buena dinámica que debe reinar entre los competidores, especialmente si se trata de dos pymes.

Mi respeto por el esfuerzo que hace diariamente la competencia para formar parte de tu mercado es algo que aprendí rápidamente.

Cuando tenía el cabello largo y ningún divorcio a mis espaldas, trabajé un tiempo para Guillermo, un extraño alemán que fabricaba instrumentos de medición, esos aparatitos que se utilizan para averiguar cuántos amperios recorren un circuito eléctrico. Guillermo iba y venía en un BMW viejo y maltratado.

Competía con Rodolfo, un aburrido alemán que lideraba el mercado, tenía una fábrica más grande y bien organizada, y un Mercedes-Benz 200 nuevo y automático. Guillermo dormía mal y nunca descansaba, estaba obsesionado con Rodolfo y quería superarlo a toda costa. Ambos ofrecían buenos productos y estaban en una guerra de precios permanente. Esto significaba una pequeña oportunidad para Mauricio, un italiano bajito que conducía un modesto Fiat 128 y que también fabricaba amperímetros y voltímetros, aunque técnicamente inferiores. Guillermo no entendía de posicionamientos ni de marketing, él solamente quería vender más. Con su política de precios estaba hundiendo la rentabilidad del segmento de mercado que compartía con Rodolfo y los dos se estaban perjudicando mutuamente. Como era de esperar, el asunto empeoraba con cada batalla. Creyéndome capaz de lograr una solución, un día le propuse a Guillermo que me dejara interceder entre ambos para pactar una tregua o acercar posturas. No tenía mucha experiencia, pero la portación de apellido me daba cierto margen de maniobra: era el primogénito de mi padre, un ingeniero muy conocido y ampliamente respetado en el sector eléctrico argentino. Poco después estábamos los tres reunidos en la estupenda oficina de Rodolfo y, en menos de una hora, ya teníamos un acuerdo que no implicaba carterizar los precios. Se trataba de establecer una base diferencial para las distintas familias de producto y dejar de luchar estúpidamente por el favor de algunos clientes específicos. No eran tiempos de hipercompetencia y las preferencias por un alemán u otro ya estaban bien definidas. El encuentro finalizó con el intercambio honorable de las tarifas vigentes y la confirmación de las bonificaciones máximas que cada uno aplicaría según el volumen de compra. Salimos del edificio con cara de buenos vecinos y nos subimos al viejo y maltratado BMW de Guillermo. Recorrimos un par de kilómetros pensativos y en silencio, hasta que me dijo: «Salvador, hoy hemos afirmado que, para los pedidos importantes, nuestra bonificación máxima será del 20 por ciento. Pero vamos a ofrecer discretamente hasta un 35 por ciento. Rodolfo no se enterará, sale poco de su oficina y eso nos dará una ventaja de dos o tres meses».

Al principio no capté bien la jugada y pronto percibí que su moderado entusiasmo no tenía mucho que ver con el mío. Al insistir, Guillermo me lo dejó claro muy rápidamente: la reunión con Rodolfo había sido un engaño, y yo, un carismático cómplice. Néstor, lloremos juntos si tu ética peligra, pero competir supone estas cosas. Por aquel entonces yo comenzaba a estudiar a Philip Kotler, Jerome McCarthy y a otros grandes autores como Michael Porter. De una forma u otra, todos ellos compartían valores y estaban inventando las estrategias del marketing moderno. Podías estar más o menos de acuerdo, pero nadie te impulsaba a subestimar o engañar a tu competencia.

La ventaja competitiva de Guillermo se sostenía en bajar precios y, si existía alguna posibilidad, en engañar a Rodolfo. ¿Podía ofrecerle alguien una mejor estrategia? A raíz de este desacuerdo, nos enojamos, nos distanciamos con educación y nunca nos disculpamos. Para competir, puedes implementar políticas más agresivas, explicar con inteligencia tus mejores prestaciones, promover los cambios normativos que te favorecerán y, quizá, hacer un regalo de fin de año a ciertos clientes. Incluso puedes no mostrar mucha consideración por tus competidores. Pero engañarlos deliberadamente, eso ya es otra cosa.

Vete a saber quién le advirtió a Rodolfo de que la intención de Guillermo era engañarlo...

Los protagonistas

Mi amigo Juan Aguilar era un gigante del alineamiento estratégico. Lograba que las personas formaran buenos equipos para empujar en la misma dirección. Fue un maestro voluntario y empático, un dador vacilante, un intelectual a domicilio que lo explicaba todo fácil. Trabajamos juntos varias veces y, a pesar de la distancia entre Bilbao y Buenos Aires, estábamos cerca.

Juan hablaba siempre de lo que sabía. Recuerdo que, cuando tendría yo cerca de 40 años, me estaba ayudando a potenciar un grupo de pymes que carecían de fuerza comercial. Para poder incorporar un producto muy especial, las condiciones contractuales les exigían admitir un vendedor técnico con un perfil determinado. El salto era inevitable. Habían firmado los contratos, pero algunos seguían pensando que con un buen administrativo ya era suficiente. La situación se iba complicando, algunos candidatos se mostraban inoperantes y el equipo final no parecía contar con la fuerza esperada. Mientras tanto, yo desesperaba y Juan los observaba. No tardé mucho en plantarles cara a los interesados en tener un papel menor, apuntarles con mi poderosa sabiduría y preparar la bala de goma. El maestro Juan escuchó pacientemente mis aturdidos argumentos, reflexionó con vertiginosa prudencia y me dijo: «Nunca subestimes el trabajo de Toro».

Toro era el leal compañero indio del Llanero Solitario (*The Lone Ranger*) durante las ocho temporadas de la serie original emitida por la cadena ABC, un éxito que nació en la radio estadounidense para saltar después a los televisores de medio mundo. El personaje principal era un misterioso exranger de Texas que, oculto bajo un antifaz negro, montaba un esbelto caballo blanco por el salvaje Oeste para combatir la injusticia e imponer el orden. El valiente Llanero Solitario lucía un sombrero imperdible, una vestimenta impecable de color azul celeste y un deslumbrante revólver Colt 45. No bebía, no fumaba, no mataba. Con su legendaria puntería, disparaba sólo balas de plata para herir impunemente al malo de turno.

A su lado, el indio Toro parecía muy poca cosa. Su ropa era de mal gusto y montaba un caballo polvoriento que habitualmente iba rezagado. En los más de doscientos episodios emitidos por la pequeña pantalla, el guionista nunca le permitió decir dos frases seguidas ni eclipsar al justiciero enmascarado. Pero el fiel Toro y su insignificante revólver estaban siempre ahí para sostener y apoyar a su compañero. Sin su participación, la notoriedad de la serie nunca hubiese sido la misma.

Juan Aguilar me hizo ver que, cuando no valoras el trabajo de algunas personas y sólo te interesa contar con protagonistas, en general los resultados no serán los esperados. También me hizo pensar en las ocasiones en que conviene aplicar un principio básico del derecho: quien puede más, puede menos. El escocés Sean

Connery le dio fama internacional al personaje de James Bond. En su carrera protagonizó más de cuarenta películas, pero el Oscar lo ganó como mejor actor de reparto por el papel del veterano policía Jim Malone en *Los intocables de Eliot Ness*.

Puedes encontrar un vendedor tan virtuoso y elegante como el Llanero Solitario, pero ten en cuenta que, sin el apoyo silencioso de los actores de reparto, los pedidos no siempre llegarán. En 2013, los cines recibieron la versión de Disney, en la cual Johnny Depp se encargó de interpretar al indio Toro y darle un protagonismo que no tenía el original. La película fue un rotundo fracaso, pero eso es otra historia. O, al contrario, es probable que sea parte de la misma.

Las estrategias

Los británicos transformaron económicamente el mundo y otros se apuntaron el tanto. Su Revolución Industrial cambió la historia y la renta per cápita de millones de personas. La máquina de vapor marcó el camino. El avance de la precisión redujo las tolerancias y resultó esencial para sostener la tiranía de las líneas de montaje. Poco a poco, los artesanos quedaron en el costado marginal de la economía. La producción en serie impuso el oficio de la certeza y se llevó a todos por delante. Curiosamente, a los padres del invento también. Hoy en el Reino Unido se fabrican servicios y su poder industrial está diversificado y es reducido. A pesar de japoneses, estadounidenses, chinos y coreanos, los alemanes son los que mandan. Los productos *Made in Germany* gozan de un prestigio internacional único y sus empresas aumentan la percepción de calidad que tenemos del país. ¿Y los italianos? Son detallistas y emocionales, compiten por medio de la pasión y el diseño. ¿Y los franceses? Son republicanos, innovadores y eligen sectores emblemáticos que les permitan mostrar lo avanzado de su tecnología, como el famoso TGV, el *train à grande vitesse*. Compitiendo han aprendido a desarrollar una visión estratégica inmejorable; cuando la descubres, te das cuenta de que la existencia de la torre Eiffel no es una casualidad.

Trabajé con el francés Charles Yufera durante cuatro años y su habilidad fue fundamental. Era uno de los principales responsables de moldear mi perfil atípico, de intentar que subiera mi nivel. Talentoso como pocos, recuerdo que yo lo agotaba a menudo diciéndole: «Napoleón perdió en Waterloo, déjame pensar a mi manera, joder». Pero Charles es mucho Charles y tenía la fórmula para que yo entendiera, *de una puñetera vez*, cómo trabajan los franceses en sus mercados objetivo. Cenando una noche en la *brasserie* La Queue de Cochon, a las afueras de Grenoble, me contó una historia alucinante sobre extraterrestres. Con su permiso, la he actualizado a nuestros tiempos modernos...

Hay vida en otros planetas y hace siglos que nos visitan.

Los países importantes del mundo mundial niegan su presencia y aseguran que los fenómenos del cielo son lucecitas, meteoritos y algunos artefactos humanos para usos confidenciales. Tú imagínate por un momento que se están planteando convivir con nosotros. Sí, los extraterrestres. Un día aterrizan con su platillo volador parasónico en un lugar secreto de la costa cantábrica. Quieren camuflarse y estudiarnos. Son individuos feos, altos y viscosos como en las películas. En su brazo derecho llevan una empuñadura ámbar con múltiples botones para ejecutar diversas funciones: rayos peligrosos, teletransportador de última generación, ondas paralizantes de superflujo, descargas concentradas de energía e inhibidores mortales de frecuencia cardíaca. En fin, el equipo habitual que utilizan los extraterrestres profesionales para ir de visita a otros planetas. Ya instalados, conectan el ordenador de a bordo con Google y en 248 milisegundos ya tienen en su poder un excelente resumen de todo eso que necesita saber un buen conquistador: nuestra historia, tecnología, armamentos, miserias, pasiones, tragedias, usos, gustos y costumbres.

De nada, internet.

Dos de ellos, los extraterrestres, hacen clic en el botón naranja de su empuñadura y se transforman al instante en una encantadora parejita de jóvenes enamorados. Lucen bien peinados, modernos y respetables, y no llaman la atención. Están listos para mimetizarse con nosotros, los humanos de verdad. Fascinados y sorprendidos, se teletransportan juguetonamente y pasean por distintos lugares, aunque por momentos parecen dos sordos en mitad de un terremoto.

Cuando llega la hora de cenar, hacen una reserva telepática en la mente del cocinero jefe de un restaurante importante y distinguido, de esos que hay en el norte de España. Durante tres horas prueban lo mejor de la gastronomía mundial y se beben doce botellas de estupendos vinos riojanos y gallegos (el metabolismo de ciertas formas de vida no tiene problemas para superar los controles de alcoholemia). A su alrededor, los otros comensales terráqueos los miran preocupados mientras esperan a que caigan borrachos de las sillas. Ellos están sobrios y desconcertados, hay algo que no terminan de entender a pesar de la información aportada en milisegundos por el Google tecnológico que nos parió. Ruegan en perfecto castellano al cocinero jefe que se presente en su mesa y le preguntan lo siguiente:

—Hemos degustado exquisitos platos y postres, vinos de distintos colores y procedencias, pan de brona, aceites de oliva virgen extra, vinagres balsámicos, maravillas de vuestra tierra con apelativos y denominaciones muy originales y divertidas.

—Gracias, muchas gracias.

—Y tenemos una pregunta: no encontramos el nombre de Michelin en ninguna de estas maravillas...

—¿Qué les preocupa? ¿Ustedes de dónde vienen? ¿Acaso viven en el Amazonas?

—¿Nos dirá usted a qué producto extraordinario llamáis Michelin?

—Es la marca de unos neumáticos franceses.

Los extraterrestres, sobresaltados, demoran 87 milisegundos en averiguar qué es eso y revisar si, entre tanto alimento ingerido, no se han tragado un par de neumáticos cada uno. Hechas las comprobaciones, prosiguen:

—Hemos venido a su distinguido restaurante por la elevada calificación que, según el facilitador Google, usted ostenta.

—Somos excepcionales: ya tenemos tres estrellas Michelin.

—¿Nos quiere decir que la marca de un neumático es la que determina el prestigio y la calidad de un restaurante como el suyo?

—Efectivamente, así es.

—¿No es el nombre de un vino, un aceite o algo relacionado con su alta y exclusiva cocina?

—Pues mire usted, ahora que lo dice, curiosamente no.

Curiosamente, ningún elaborador de productos de alimentación vio la oportunidad estratégica de vincular su nombre a los mejores fogones. Fue una empresa francesa la que ha tenido la ocurrencia de posicionar sus neumáticos como un referente mundial de la alta gastronomía. Una idea magnífica de los hermanos Michelin, pensada allá por 1926, cuando el automóvil no estaba totalmente inventado para transitar por las carreteras terrestres. Y no ha sido la única, basta con darse una vuelta por el increíble museo que tienen en Clermont-Ferrand.

La paciencia y habilidad de mi amigo Charles Yufera me ayudó a detenerme y analizar las estrategias que utilizan los buenos para tomar de verdad partes de mercado rentables y duraderas.

La integridad

Dicen que integridad moral es hacer lo que se debe hacer. Es actuar de acuerdo con una serie de principios que incluyen la honestidad y el respeto por los demás. Algunos aseguran que se trata de un comportamiento cada vez más escaso y desconocido. Mi padre, el ingeniero de la familia, supo mostrarme los primeros trazos de la integridad. Después, mi recorrido emprendedor atrajo a varios personajes cuya entereza jamás olvidaré. Fue Rafael Caballero Olaeta el que, sin saberlo, me ofreció una demostración muy especial.

Nos conocimos en Ciudad de México durante uno de mis viajes al gigante azteca. Por aquel entonces la cortesía formaba parte de los negocios y hacer buenos amigos lejos de casa era algo habitual en el comercio internacional. Rafael era un inmigrante español de esos que no se olvidan de sus orígenes y compartía sentimientos con varios compatriotas de su generación. De padre madrileño y madre bermeana, llegó al país como jugador profesional de cesta punta (*jai alai*), una modalidad de pelota vasca muy rápida y espectacular. Se practica con una canasta curva de mimbre para retener el esférico y lanzarlo a velocidades increíbles contra un frontón de tres muros. Este curioso deporte de origen vasco, con miles de adeptos entre los mexicanos, fue su modo de vida hasta que una de sus rodillas se interpuso en la trayectoria de ese proyectil de goma recubierto con piel de cabra que llamaban *pilota*. En consecuencia, hizo lo que muchos: reinventarse y buscarse la vida en suelo ajeno.

Sus siguientes negocios le permitieron formar y mantener a una gran familia americana, aunque nunca le dieron el éxito y la fama que tenía como ese gran *pelotari* venido de Bermeo. Rafael siempre fue un feliz español en tierras aztecas y nunca perdió el contacto con sus prolíficos compatriotas, cuya fortuna y notoriedad iban en ascenso. Pertenecer a un grupo tiene sus privilegios y todos ellos acostumbraban a juntarse cada cierto tiempo y se prestaban esa clase de apoyo que tanto se valora cuando, sin quererlo, confundes la distancia con el exilio. El elegante hotel Sevilla Palace de la capital azteca, en el paseo de la Reforma, era la casa común para reunirse y cenar a gusto los platos tradicionales de la gastronomía ibérica. Pues resulta que una de esas destacadas citas españolas coincidió con mi visita a México.

Rafael hizo unas llamadas y decidió incluirme en la lista de invitados, un gran honor para un chaval argentino en busca y captura de su destino. No seríamos más de treinta personas sentadas alrededor de una estupenda mesa rectangular, en un exclusivo salón clásico, revestido en madera noble y con unos vitrales multicolores que le daban al techo un encanto especial. Todo comenzó según lo previsto: besos, abrazos y esas ganas locas de contar alguna ocurrencia, para compartir después el relato amable de las últimas noticias. El tiempo se medía en botellas vacías, pero cuando llegamos al segundo plato, el ambiente había cambiado. Las copas chorreaban riqueza y exageración. La competencia por mostrar más y mejor estaba arruinando la patriótica velada, que ya no parecía una reunión de amigos compartiendo un destino. El alarde de posesiones y dinero era estúpido y humillante. Inesperadamente, un malhumorado Rafael cogió sus bártulos, se puso de pie y, obligándome a imitarlo, exclamó con toda su rabia: «¡Señores, mi madre era una puta en La Habana y, por lo visto, yo no tengo nada que hacer entre ustedes!».

El silencio que le siguió fue demoledor. Ninguno quiso desafiarlo ni dibujar una respuesta. Pero lo insólito sucedería a continuación. Ahí descubrí que la mayoría de los ibéricos vienen con una costilla del Quijote incorporada. En pocos minutos todos estaban hablando sin parar. Cada uno aseguraba que no había una madre más puta que la suya. Rafael Caballero Olaeta me miraba con cara de bombero cansado al pie de la autobomba. Pero ya no se veía indignado y el buen hacer de sus amigos hizo el resto.

La cena avanzó con ganas renovadas y entre iguales. La pude disfrutar como pocas y aprendí que no importa la ocasión, la integridad se transmite, se demuestra, se practica.

La gratitud

El atraso tecnológico es una desventaja seria para una empresa, la va arrinconando en el peor segmento del mercado hasta que asume su inevitable derrota. A veces no es exclusivamente un problema de financiación o falta de recursos. Allá por la década de 1980, Argentina seguía perdiendo competitividad internacional y muchos de sus productos industriales también. Iberoamérica recibía la visita de nuevos proveedores y el país se despedía de sus habituales clientes. Exportar se complicaba, pero algunas pocas empresas lograban superar un determinado nivel técnico para ser susceptibles de competir. Ésa no era la situación de mi pyme.

Con 27 años, hice mi primer viaje a Europa para conocer de primera mano a qué distancia tecnológica me encontraba de mis colegas locales y especialmente de los brasileños, dueños de un mercado en crecimiento y con una serie de políticas exportadoras muy agresivas. Aterricé en Barajas y, con la ayuda de un Peugeot 205 de alquiler, comencé mi periplo de rastreador júnior por Francia e Italia. A la tercera semana estaba nuevamente en

Madrid, visitando una feria del sector eléctrico que lo tenía casi todo. El nivel de la industria española era sorprendentemente bueno, aunque el tamaño de sus pymes no tenía comparación con las de sus vecinos. Y eso, además del idioma común, me favorecía mucho. Recorriendo un *stand* tras otro, encontré un elemento de los que estaba buscando. Formaba parte de un equipo en exhibición y no tuvieron pegas en darme el nombre del fabricante catalán.

Al día siguiente, me marché de madrugada para Barcelona, sin GPS y con los mejores mapas de la época. Después de perderme y subir y bajar por distintas autovías, llegué a mi destino en Cornellá de Llobregat a la hora de comer. Un señor flaco ya salía por la puerta cuando torpemente me interpuse en su camino. Se llamaba José Maurel Solanas y era el jefe. Me dedicó unos pocos minutos para contarme que me podía vender una supermáquina inyectora diseñada por ellos a unos convenientes 150.000 dólares, me regaló una calculadora de bolsillo con el logo de su empresa y se marchó fumando su tercer cigarrillo. Por supuesto, antes nos despedimos con la cortesía de rigor y me comprometí a pensarlo.

Regresé inesperadamente tres meses después, esta vez sobre las nueve de la mañana, en mi segundo viaje a España. Le comenté a Maurel que la situación argentina era complicada y no me permitía hacer una inversión de ese calibre, que su tecnología estaba al nivel de los suizos y que le había traído alfajores y dulce de leche para su familia. Lucía igual de flaco que la primera vez, fumaba demasiado y, después de escucharme con atención, me propuso ceder tecnología y ayudarme a construir localmente una máquina por unos 55.000 dólares, gastos de viaje y estadía incluidos. Desayunamos en un bar cercano, hablamos de fútbol y de política, nos despedimos otra vez con cortesía y me comprometí a pensarlo seriamente. Si aceptaba su ofrecimiento, íbamos a tener la posibilidad de fabricar una nueva gama de productos a costes muy competitivos. Es más, tendríamos capacidad para exportar.

Pasaron seis meses y estaba de vuelta en Cornellá de Llobregat, provincia de Barcelona. Argentina parecía haber recuperado la senda democrática, pero su economía iba a peor. El volumen de su deuda externa, la corrupción política y sindical, y una inflación disparatada presagiaban un futuro peligroso. No había financiación para invertir, nuevamente tocaba apilar recursos para sobrevivir. Con menos de 30 años y unas ganas insuperables de emprender, esto me resultaba muy complicado de asumir, aunque no me quedaba otra que hacerlo. José Maurel Solanas me recibió por tercera vez en su empresa, una pyme bien establecida que le vendía a las mejores multinacionales europeas del sector eléctrico. Escuchó mis argumentos pacientemente y luego me preguntó, con respeto y sin acritud, para qué me había presentado en su oficina si no podía comprarle nada. Me dejó descolocado. España jugaba en otra liga y yo me sentía un espectador privilegiado, pero todavía no sabía cómo hacer negocios a ese nivel. El silencio se hizo muy incómodo y no era justo para ninguno de los dos. Le respondí amablemente que había regresado a traerle más alfajores y que le debía una respuesta, que agradecía sus intenciones y que, por el momento, eso era suficiente para mí. Volvimos a quedarnos un rato en silencio hasta que me hizo una segunda pregunta, de esas que lo pueden cambiar todo:

—Si voy una semana a enseñaros, ¿me podéis pagar el billete y la estadía?

—¿El billete y la estadía?

—Correcto, y recogerme en el aeropuerto también.

Enseguida me di cuenta de que no me estaba engañando, su ofrecimiento era tan inesperado como sincero. Nos dijimos *adéu* con la promesa de fijar una fecha para el año próximo y me embarqué de regreso en un vuelo de Pan Am que hacía la ruta Barcelona-Nueva York-Buenos Aires.

En los meses siguientes los faxes se fueron sucediendo y, un lunes de mayo, José Maurel Solanas puso por primera vez un pie en Argentina. Siempre recuerdo mis nervios previos a su llegada. En catorce meses nos habíamos visto tres veces y durante unos pocos minutos. ¿Sería capaz de reconocerlo en el aeropuerto? Su visita duró una semana y transcurrió prácticamente dentro de una sala. Mi hermano Fernando, el segundo ingeniero de la familia, organizó un pequeño equipo de trabajo para escuchar, preguntar y asimilar la nueva tecnología que teníamos que desarrollar. Maurel regresó a España con más cajas de alfajores, botes de dulce de leche, vinilos de tango, camisetas de Boca Juniors y una edición especial del *Martín Fierro*. Dos meses después viajamos a Barcelona para documentarnos bien y, antes de terminar el año, una estupenda máquina automática de inyección hidráulica *Made in Fernando* estaba lista para sentencia. Entonces José Maurel Solanas llegó por segunda vez a Argentina para poner en marcha el moderno artefacto, fabricado pieza a pieza bajo su supervisión. Todo funcionó de maravilla y fue increíble, cambió el futuro de aquella pyme y de unas cuantas personas. Fue tan excepcional que agradecerlo una y otra vez resultaba insuficiente.

El flaco José Maurel Solanas y yo fuimos amigos hasta el día de su muerte, ocurrida el 17 de junio de 1997. Tenía 52 años, y nadie se lo esperaba. Tuvimos tiempo de ir al Camp Nou a ver ganar y perder al Barça, de subir varias veces al macizo de Montserrat y de cenar a gusto cada vez que nos encontrábamos. Fui descubriendo poco a poco al hombre, al dador que sabe que puede hacer algo por los demás y lo hace. Maurel siempre fue sencillo y trabajador. Había levantado su empresa con esfuerzo y capacidad técnica, hasta lograr ser un proveedor estratégico para la mayoría de sus clientes.

En una oportunidad viajamos juntos a Lyon y, a su debido momento, compartiendo un armañac, le pregunté qué razón lo había llevado a cruzar el charco y ayudar a un puñado de argentinos desconocidos. Su respuesta es una de las vivencias inolvidables que tengo, de esas que te dan forma al momento. Su padre le había contado los problemas y las carencias que tenían su origen en la posguerra y en la exclusión española del Plan Marshall, un proyecto financiado por Estados Unidos para recuperar las economías europeas después de la Segunda Guerra Mundial. Aquella España empobrecida quedó aislada internacionalmente y las durísimas consecuencias las pagaban los de siempre, sus sufridos habitantes. Hasta que la entonces poderosa Argentina tomó la decisión de desafiar a los estadounidenses y suministrarles trigo, harina, carne congelada, legumbres y otros productos de alimentación. Maurel sabía muy bien que su familia y él comían a diario gracias a la ayuda argentina. Y, como tantos otros españoles, guardó el recuerdo en su corazón hasta que, unos cuantos años más tarde, aparecí yo y le di la oportunidad de corresponderlo, de demostrar su gratitud.

Fíjate por dónde, el agradecido era mi buen amigo Maurel.

Emprender no es sólo competir, también es compartir. Es esforzarte sin descanso hasta consolidar una posición deseada. Lo siguiente es mantenerla o seguir creciendo. Es decir, más de lo mismo.

Cuando escucho a un empresario declarar con el culo cerrado que nadie le regaló nada, no tengo dudas de que se trata de una injusticia y una mentira, resultado del ego y la arrogancia. Tengo una lista de personas que me han ayudado mucho. Supe aprender a pedir ayuda y agradecerla. Pero también a ofrecerla, porque la devolución no es un acto de compensación moral o económica, es una práctica habitual entre las personas con ganas de cambiar el mundo.

Por eso, con mucho gusto y energía, aquí estoy.